图书馆管理与读者服务

张素兰　李慧慧　董志娜 ◎ 著

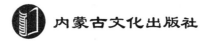

内蒙古文化出版社

图书在版编目（CIP）数据

图书馆管理与读者服务 / 张素兰，李慧慧，董志娜著.
--呼伦贝尔：内蒙古文化出版社，2023.5
ISBN 978-7-5521-2279-4

Ⅰ.①图… Ⅱ.①张… ②李… ③董… Ⅲ.①图书馆
管理②图书馆服务 Ⅳ.①G25

中国国家版本馆CIP数据核字(2023)第088334号

图书馆管理与读者服务

张素兰　李慧慧　董志娜　著

责任编辑	黑　虎
装帧设计	万瑞铭图
出版发行	内蒙古文化出版社
地　　址	呼伦贝尔市海拉尔区河东新春街 4 付 3 号
直销热线	0470-8241422　　　邮编　021008
印刷装订	天津旭丰源印刷有限公司
开　　本	787mm×1092mm　1/16
印　　张	12.75
字　　数	201千
版　　次	2024 年 10 月第 1 版
印　　次	2024 年 10 月第 1 次印刷
标准书号	978-7-5521-2279-4
定　　价	76.00 元

前　言

随着现代信息技术的快速发展，新观念、新技术、新形式层出不穷，为社会生活带来了重大变革。在现代信息网络技术的大环境中，图书馆亟须面对的问题就是如何对自身的发展路径与方向进行有效选择。这就需要图书馆对自身的管理与服务工作进行有效创新，以便更好地落实管理与服务工作，从而提升图书馆的吸引力，促进其更好地发展。

图书馆的发展情况是衡量某个国家或区域文明状况的重要标志。只有不断地进行创新，才能够提升图书馆工作的生机与活力，使图书馆的发展更加符合社会要求。所以图书馆管理、服务工作的不断创新，是促进图书馆现代化发展的重要动力。

需求可以有效推动发展，而读者需求是改变图书馆服务工作的重要导向。所以如何为读者提供满意服务，尤其是根据读者的不同需求提供相应的个性化服务，是图书馆需要重点解决的问题。特别是随着数字化时代的快速发展，读者可以从互联网上轻松地获取所需信息，这就更加需要图书馆工作人员对服务工作进行有效创新，依据读者的需求对图书馆的服务与资源进行适当调整。

本书是关于图书馆方向的著作，主要研究图书馆的管理与服务，从图书馆管理的理念和目标入手，针对图书馆人力资源管理、行政管理与业务以及物力资源管理进行了分析研究；另外对图书馆推广服务作了探讨，并对图书馆服务创新以及未来发展提出了一些建议，对于图书馆的建设有一定的借鉴意义。

本书写作过程中，参考和借鉴了一些知名学者和专家的观点，在此向他们表示深深的感谢。由于水平和时间所限，书中难免会出现不足之处，希望各位读者和专家能够提出宝贵意见，以待进一步修改，使之更加完善。

目　录

第一章　图书馆管理的理念和目标 ……………………………… 1

第一节　图书馆管理的特点和职能 …………………………… 1

第二节　图书馆管理的主要原理 ……………………………… 6

第三节　用科学发展观指导现代图书馆管理 ………………… 14

第四节　现代图书馆管理目标 ………………………………… 18

第二章　图书馆的人力资源管理 ……………………………… 33

第一节　图书馆人力资源管理的含义 ………………………… 33

第二节　图书馆馆员的职业能力 ……………………………… 36

第三节　图书馆馆员的选拔与聘用 …………………………… 43

第四节　图书馆馆员的考核与激励 …………………………… 47

第五节　图书馆人力资源的开发 ……………………………… 56

第三章　图书馆的行政管理 …………………………………… 61

第一节　图书馆的行政管理基础 ……………………………… 61

第二节　图书馆的组织结构与管理者 ………………………… 65

第三节　图书馆的财务管理 …………………………………… 75

第四章　图书馆的业务和物力资源管理 ……………………… 85

第一节　图书馆的业务管理 …………………………………… 85

第二节　图书馆的物力资源管理 ……………………………… 102

第五章　图书馆信息采集和加工管理 ………………………… 116

第一节　图书馆信息采集的具体要素和总体思路 …………… 116

第二节　RFID 技术在图书馆信息采集中的应用 …………… 123

第三节　图书馆网络信息的采集和具体要素 ………………… 129

第四节　图书馆信息加工中的主要问题及其伦理对策 ……… 139

第五节　图书馆信息加工的具体方法和零次信息的加工 …… 148

第六章　图书馆的推广服务管理 ················· 158

　　第一节　阅读推广服务管理基础 ················· 158

　　第二节　阅读推广服务工作的规划和资源管理 ··········· 159

　　第三节　阅读推广服务工作的流程和安全管理 ··········· 166

第七章　图书馆的读者服务基础 ················· 176

　　第一节　读者服务的内容与方法 ················· 176

　　第二节　读者服务在图书馆中的地位和作用 ············ 178

　　第三节　读者服务工作的发展趋势 ················ 182

参考文献 ··························· 195

第一章　图书馆管理的理念和目标

第一节　图书馆管理的特点和职能

一、图书馆管理的特点

图书馆管理作为一种特殊的社会实践活动，其具有一般社会实践所共有的客观性、能动性和社会历史性等特性，不过这些特性在图书馆管理中有其具体的表现形式。整个实践的特性对于不同的实践活动来说是一种共性的东西，而具有这种共性的各种实践活动又表现出不同的特性。总体来看，图书馆管理具有以下几个主要特征。

（一）综合性

图书馆管理的综合性，是指从空间上来说，它贯穿在一切图书馆活动中，存在于图书馆活动的一切方面和一切领域，凡是有图书馆活动的地方，就有图书馆管理存在；从时间上来说，它与图书馆共始终。

（二）依附性

任何图书馆管理都必须建立在一定的图书馆业务工作的基础上，它的全部实际内容和具体形式离开了其他的业务活动就不能单独存在，图书馆管理就是对某种业务活动（文献采选、分类编目、书刊借阅、参考咨询、文献检索、情报研究等）的管理。图书馆管理的这种依附性主要表现在图书馆管理的目标必须依托于具体的业务活动才能实现，图书馆管理的过程总是伴随着其他业务活动的进行而展开，图书馆管理的结果则总是融合在其他业务活动的成果之中。也就是说，图书馆管理必须以其他某一种、某几种或全部业务活动作为自己的"载体"。

（三）科学性

图书馆管理的动态特性并不意味着图书馆管理没有规律可循。尽管图书馆管理是动态的，但还是可将其分成两大类：一是程序性活动，二是非程序性活动。

这两类活动虽然不同，但又是可以转化的。实际上现实的程序性活动就是由以前的非程序性活动转化而来的，这种转化的过程是人们对这类活动与管理对象规律性的科学总结，图书馆管理的科学性在这里得到了很好的体现。此外，对新管理对象所采取的非程序性活动只能依据过去的科学结论进行，否则，对这些对象的管理便失去了可靠性，而这本身也体现了图书馆管理的科学性。

（四）组织性

图书馆管理的组织性有两方面的内涵，具体如下。

一方面，图书馆管理的组织性指的是图书馆管理活动总是通过一定的组织（如学校图书馆、科学图书馆、企业图书馆、公共图书馆、工会图书馆等）进行的，这种组织是由进行管理活动的人所组成的一个有序机构。组织既是管理的主体，因为任何图书馆管理都是由一定的组织机构（即特定的图书馆）去进行的；同时，组织机构又是管理的对象，因为任何图书馆管理都是对一定组织机构（即特定的图书馆）的管理，孤立的个人、离开了一定组织的人，就称不上是图书馆管理。

另一方面，图书馆管理的组织性指的是图书馆管理活动本身就是一种组织活动，这种组织活动将分散的资源，如人力、物力、财力、信息等资源组合起来，形成一个稳定的、能够不断根据客观环境的变化而进行调整的物质和社会双重结构的过程。这种组织过程既把各种离散的、无序的事物结合成一个相互联系、相互制约的管理组织系统——这是图书馆管理活动得以进行的物质和社会实体；同时又能不断地根据变化着的外部和内部情况，对管理活动的各种要素之间的关系进行调整，以寻求相适应的最佳物质与社会的匹配关系，使图书馆系统朝着管理的目标运行。前者指的是静态的组织性，它表现为一种有序的组织形式；后者指的是动态的组织性，它表现为一种能动的组织职能。图书馆管理的组织性是图书馆管理最基本的特征，也是其他特征的内在根据和机制。

（五）变革性

从本质上来说，管理是变革活动，是使人获得真正自由的活动。"管理的特点就是变革——迅速的、不断的、根本的变革。唯一不变的事就是变革。"图书馆管理也不例外。

从现象上看，图书馆管理有保守的一面，它要维持图书馆系统一定程度的稳定，要用一定的原则、规章制度约束图书馆的成员。但是，保守性、束缚性只是使图书馆获得发展、使个人获得真正自由的手段，因而是暂时的、相对的。稳定是运动的一种特殊状态，因为图书馆系统中的人、财、物、信息等要素是不断变化发展的，图书馆系统外部的经济、政治、文化、科技等环境也在不断变化。要实现对图书馆的真正有效管理，目标和计划就要反映对象的变化，协调活动就要使系统内外因素的配合在变动中趋向合理，要不断通过信息反馈实现对图书馆的动态控制，要根据图书馆的发展改变制定合理的规章制度。可见，图书馆管理的变革性是由图书馆本身的运动决定的，具有客观性。

图书馆管理的变革性主要表现为其发展演化。图书馆管理是一种主观见之于客观的活动，它要反映图书馆的变化，不仅反映图书馆现时的变化，而且要反映图书馆变化的趋势，还要反映趋势的转变，这只有通过科学预测、设立目标、制订计划、完善组织、实施控制等一系列动态管理活动反复循环才能实现。

（六）协调性

所谓协调性，是指调节和改造各种管理对象之间的关系，使他们能相互适应，按照事物自身固有的规律性在整体上处于最佳的功能状态。图书馆管理与其他业务活动的不同主要表现在以下两方面。

第一，从活动的对象来看，一般业务活动总以某个特定的具体事物作为自己的对象，如文献采选以图书馆未收藏的新书、新刊、新报、新光盘等文献载体为对象，分编工作以图书馆已采购回来的新文献为对象，咨询服务以读者为对象等。但是，图书馆管理在一定意义上却是以图书馆系统的各种业务活动为自己的对象，是对这些业务活动之间的关系以及这些业务活动内部的各种要素之间的关系进行协调的活动。因而与各种业务活动相适应，就有协调这些活动的采访管理、分编管理、借阅管理、咨询管理等形式，这些管理活动是通过协调各种业务活动而间接地对它们起作用，从而改变它们的存在状态。

第二，从活动的任务来看，一般的业务活动都有自己特定的具体任务，它们或者是为了购回本馆读者所需要的文献，或者是为了改变文献的形式特征，或者是为了将读者所需要的文献传递给读者，或者是对读者进行信息检索技能培训，或者是为读者提供咨询课题的解答方案等。图书馆管理的主要任务是协调人们之间的关系和利益，协调人们活动的状态和过程，使图书馆各种业务活动的要素建立某种有序的优化结构。

所以，图书馆管理是一种柔性的社会活动，图书馆管理者一般并不直接从事信息产品的生产或信息服务活动，他们主要是通过协调各种业务活动的内外关系，特别是馆员之间的关系以及馆员和读者之间的关系，使各种要素、各个环节在共同目标——最有效地满足读者的信息需求的指引下，消除彼此在方法上、时间上、力量上或利益上存在的分歧和冲突，统一步调，使图书馆的各种业务活动实现和谐运转，结合成一个有机的整体。

二、图书馆管理的职能

（一）计划职能

计划是指对未来的行动以及未来资源供给与使用的筹划。计划指导着一个图书馆系统循序渐进地去实现其目标，计划的目的就是要使图书馆适应变化中的信息环境，并使图书馆占据更有利的信息环境地位，甚至进入一个完全不同的信息环境。计划在图书馆中可以成为一种体系并有其内在的层级，如战略计划是最高层次的、总的长远计划，职能计划与部门工作计划则是中层的操作性较强的计划，而下级的工作计划则为近期的具体计划。从计划的定义、目标及其功能来看，计划无非是降低图书馆在资源配置过程中的不确定性的一种手段。事实上，无论是战略计划还是职能部门计划，对未来行为的一种筹划就是希望通过事先的安排有准备地迎接未来，或按照设定的目标循序渐进地工作，从而减少未来不确定性对图书馆的冲击，减少未来工作过程本身可能产生的不确定性。

计划职能涉及如下因素：（1）有助于达到目标的政策；（2）管理人员将要实施的项目；（3）管理人员将会采用的过程；（4）管理人员必须按时完成的时刻表；（5）将会涉及的预算方面的因素。

　　（二）组织职能

　　组织是管理者建立一个工作关系构架从而使图书馆成员得以共同工作来实现图书馆目标的过程。组织的结果是组织结构的产生，即一种正式的任务系统和汇报关系系统。通过这种系统，管理者能够协调和激励图书馆成员努力实现图书馆的目标。组织结构决定了图书馆能在多大程度上很好地利用其资源创造信息产品和提供信息服务。

　　组织职能包含的要素如下：（1）将图书馆各项业务活动进行合理的组织，使之具有一定功能和位置；（2）为了有效地发挥其职能，管理人员必须进行一定的授权；（3）管理人员必须在其下级之间建立关系和联系，使这些下级能够相互提供完成工作所必需的信息；（4）管理人员必须仔细检查自己所在部门与其他部门之间的关系及其对图书馆经营运作的影响。

　　（三）领导职能

　　领导有两重含义：一是领导现象，指人群中存在的追随关系，其本质是影响力；二是领导行为，指群体中的某些成员为了促使领导现象的出现或加强而实施的各种行为。在领导过程中，管理者要向员工描述一个清晰的愿景，调动图书馆成员的积极性，使他们理解他们在实现图书馆目标过程中所起的作用。管理者利用权力、影响、愿景、说服力和沟通等技能协调个体和全体行为，从而使他们的努力能够得到充分的展现和利用。领导所产生的效果就是图书馆成员所表现出来的高度积极性和对图书馆的承诺。

　　领导涉及四个方面的功能：（1）及时根据外界环境的变化，指示图书馆内所有人与资源配合去适应环境并采取适当的行为；（2）调动图书馆内成员的积极性，激励他们奋发努力，给他们创造发展的机会；（3）有效地协调图书馆内的人际关系，使图书馆内有一个良好的工作氛围，从而降低内耗；（4）督促图书馆内成员尽自己的努力按照既定的目标与计划做好自己专职范围的工作。

　　（四）控制职能

　　控制是指根据既定目标不断跟踪和修正所采取的行为，使之朝着既定目标方向运作并实现预想的结果或业绩。由于现实行为往往会受各种不确定性因素的影响，故每一种行为都有可能偏离预定要求，从而可能使既定目标或业绩难以达成，显然这是图书馆所不愿看到的。为了防范这种状况的产生，控制就非常必要。通过实施控制这一职能，管理人员能够做到在图书馆偏离目标太远之前就将其纳入正确的轨道之内。

控制职能包括以下内容：（1）将实际效果与预测进行对比；（2）将已获得的结果与目标要求、项目要求和计划要求进行对比；（3）将实际成本与预算成本进行对比。

（五）评价职能

评价是指图书馆管理实施过程结束之后，根据管理的成效，对图书馆管理过程的各项活动进行全面的检查、比较、分析、论证和总结，从中得出规律性的启迪，以达到不断提高管理水平，取得更好的管理效益，实现管理良性循环的一项管理活动。图书馆管理过程结束之后，需要对其所获得的管理成绩和效果进行相应的评价，从中吸取经验和教训，为下一轮的管理循环提供依据，打好基础，以便不断提高图书馆管理工作的水平。因此，评价既是图书馆管理过程的归宿，又是图书馆管理过程的出发点。它对于加强图书馆管理工作，提高图书馆管理水平有着至关重要的作用。

第二节　图书馆管理的主要原理

一、系统原理

任何社会组织都是由人、财、物和信息组成的系统，任何管理都是对系统的管理，没有系统，也就没有管理。系统原理不仅为认识图书馆管理的本质提供了新的视角，而且它所提供的观点和方法广泛渗透到人本原理、能级原理、动力原理和效益原理之中，在图书馆管理原理的有机体系中起着统率作用。

（一）系统原理所蕴含的几对基本概念

1.系统与要素

（1）系统

系统论的创立者贝塔朗菲（Bertalanffy）把系统界定为"处于一定的相互关系中并与环境发生联系的各组成部分（要素）的总体（集合）"。

从系统的定义可以看出，一个具体的系统必须具备三个条件。

一是系统必须由两个以上的要素（元素、部分或环节）组成。

二是要素与要素、要素与整体、整体与环境之间存在着相互作用和相互关系。

三是系统整体具有确定的功能。

这三个条件缺一不可，否则就不能构成一个具体的系统。

（2）要素

要素始终是和系统不可分割地对应着的。要素是构成系统的必要因素，即组成系统的各个部分或成分，是系统最基本的单位，因而也是系统存在的基础和实际载体。要素在系统中的情况一般可分为三种。

一是不同数量和不同性质的要素可构成不同的系统。

二是相同数量和相同性质的要素仅由于结构方式的不同，也可构成不同的系统。

三是相同性质的要素仅由于数量的不同，也可构成不同的系统。

系统和要素是对立统一的关系。首先，系统通过整体作用支配和控制要素；其次，要素通过相互作用决定系统的特性和功能；最后，系统和要素在一定条件下相互转化。

2. 结构与功能

所谓结构，是指系统内部各组成要素之间的相互联系、相互作用的方式或秩序，也就是各要素之间在时间或空间上排列和组合的具体形式。贝塔朗菲（Bertalanffy）把结构称为系统的"部分的秩序"。

所谓功能，是指系统与外部环境相互联系和作用过程的秩序和能力。系统功能体现了一个系统与外部环境之间物质、能量和信息之间的输入与输出的变换关系。

结构与功能之间的关系主要表现为如下几种情况：首先，由不同要素组成的不同结构的系统具有不同的功能；其次，由相同要素组成的不同结构的系统也具有不同的功能；再次，组成系统的要素和结构不同，可以具有相同的功能；最后，同一结构的系统可以具有多种功能。总之，由于客观世界的复杂性和无限性，系统的结构和功能的关系是多样的，是变化无穷的，在一定条件下是可以转化的。

3. 环境与行为

所谓环境，是指系统存在的外部条件，也就是系统以外对该系统有影响、有作用的诸因素的集合。在一个大系统中，对于某一特定的子系统来说，其他的子系统可以看成是它的环境。环境实际上是与某一特定的系统相关的其他系统（或事物）的统称。

所谓行为，是指系统对环境的影响和作用的反应，即在系统与环境的相互作用中，环境对系统施加影响和作用以后，系统对环境的反作用。

系统行为是由系统环境和系统内部状态两个因素引起的。其中，环境是产生系统行为的诱因或外部条件；系统内部状态是系统行为的根据或决定因素。系统行为归根结底决定于系统的内部状态，而系统的内部状态又取决于系统结构的优化程度。可见，系统行为实际上是系统的外部状态，即系统本质规定的外部表现。因此，在一定环境下，可以通过改变系统的内部状态来调节或改变系统的行为；也可以通过系统行为的研究来考察一个系统的内部状态，即系统要素及其结构方式。

（二）系统原理的内容

系统原理是有关系统的基本属性、共同特征和一般规律的理论概括，主要体现在系统与要素、要素与要素、结构与功能以及系统与环境、系统与时间等关系上。

1. 系统整体性原理

系统整体性是指系统诸要素相互联系的统一性。整体性是系统最本质的属性，因而"整体"和"系统"这两个概念经常被同义使用。在这个意义上，贝塔朗菲（Bertalanffy）指出："一般系统论是对'整体'和'完整性'的科学探索。"因此，整体性原理是系统原理的一个最基本的组成部分。

系统的整体性根源于系统的有机性和系统的组合效应。系统整体性原理的基本内容有：（1）要素和系统不可分割；（2）系统整体的功能不等于各组成部分的功能之和；（3）系统整体具有不同于各组成部分的新功能。

2. 动态相关性原理

任何系统都处在不断地发展变化之中，系统状态是时间的函数，这就是系统的动态性。系统的动态性取决于系统的相关性。系统的相关性是指系统的要素之间、要素与系统整体之间、系统与环境之间的有机关联性。它们之间相互制约、相互影响、相互作用，存在着不可分割的有机联系。相关就是联系。正是由于系统内部诸要素之间、要素与系统整体之间、系统与环境之间的相互作用和相互联系，才构成了系统发展变化的根据和条件。动态相关性原理的实质是揭示要素、系统和环境三者之间的关系及其对系统状态的影响。

动态相关性原理的基本内容有：（1）系统内部要素和要素之间的相关性；（2）要素与系统整体的相关性；（3）系统与环境的相关性。

从上述内容可以看出，动态相关性原理和系统整体性原理是紧密联系的。整体性原理是系统思想的核心，动态相关性原理则是整体性原理的延续和具体化。

3. 层次等级性原理

一个系统的组成要素是由低一级要素组成的子系统，而系统本身又是高一级系统的组成要素。这种系统要素的等级划分，就是系统的层次等级性。

层次等级性原理的基本内容有：（1）层次等级结构是物质普遍的存在方式；（2）处于不同层次等级的系统具有不同的结构，亦具有不同的功能；（3）不同层次等级的系统之间相互联系、相互制约，处于辩证的统一之中。

4. 系统有序性原理

系统的有序性是指构成系统的诸要素通过相互作用，在时间和空间上按一定秩序组合和排列，由此而形成一定的结构，决定系统的特定功能。系统的有序性标志着系统的结构实现系统功能的程度。因此，系统有序性原理的实质在于揭示系统的结构和功能的关系。

系统有序性原理的基本内容：（1）任何系统都有特定的结构。结构合理，系统的有序度高，功能就好；反之，结构不合理，系统的有序度就低，功能就差。（2）系统由低级结构转变为较高级的结构，即趋向有序；反之，系统由高级结构转变为较低级的结构，即趋向无序。（3）任何系统必须保持开放性，才能使系统产生并且维持有序结构。

二、人本原理

在管理学的整个发展过程中，"人"始终是一个最基本的概念。任何一种管理理论都是依据对人的一定看法而提出来的，各种管理理论的区别大多可以归结为对人的理解不同。而现代管理学则普遍地摒弃这种看法，把人看作目的，认为人本身是一切管理活动的最终目的。所以，对于现代管理学来说，关于人是手段还是目的的争论已经有了明确的答案。

（一）人本原理的含义

所谓人本，顾名思义，就是以人为根本。概括说，图书馆管理的人本原理指在图书馆管理活动中，坚持一切从人出发，以调动和激发人的积极性和创造性为根本手段，以达到提高管理效率和人的不断发展为目的的原理。

人本原理具体包含以下几层含义。

1. 人的因素第一的观念。所谓人的因素第一，就是在观察任何事物、处理任何事情、解决任何问题时，都把人的因素看成首要因素、关键因素、决定性因素，既不是重物不重人，也不是见物不见人。

2. 尊重知识、尊重人才的观念。尊重知识和尊重人才是统一的。这是因为，知识是人才的基础，人才又是知识的人格化。但图书馆管理中的人才观念是指广义的人才，而不仅仅是指少数典型或代表人物。

3. 以人的不断解放和全面发展为最高追求目标的观念。

4. "人和第一"的观念。在图书馆管理中树立"人和第一"的观念，既包括管理者之间即领导班子的团结合作、管理者与被管理者之间的团结合作、上下同心同德，也包括团体或组织内良好的人际关系、团体或组织外良好的社会关系。

（二）在图书馆管理中贯彻人本原理的主要途径

1. 把图书馆管理建立在对人的本性的科学认识基础之上

从人本原理来看，图书馆管理主要是人（馆长、书记、副馆长、部门主任、小组长等）对人（普通馆员和读者）的管理。因此，建立任何管理制度，制定任何管理措施，都必须对人的本性有一个准确而科学的认识。通俗地讲，就是首先明确所管理的人是什么人，然后再研究管理制度和管理方法，即如何管理的问题。这样就能使所制定的管理制度和措施有较强的针对性，使之建立在科学而实际的基础上，从而从根本上起作用。

2. 在图书馆管理中正确运用激励机制

人的需要是人普遍存在的自然本性，任何管理都应运用激励机制，通过满足人的各种合理需要来调动人的积极性。需要决定动机，动机产生行为，这是人的行为产生发展的规律。在图书馆管理活动中，通过认识和引导人的需要去实施对人的管理，具体包括三个方面的内容。

（1）通过认识人的需要去实现对人的管理

在任何图书馆系统中，每个人都有着多种多样的不尽相同的愿望、利益和追求。这些个人的愿望和利益，有些是同图书馆利益相一致的，或是兼容的，也有些是不符合甚至背离了图书馆的需要的。图书馆管理实际上就是通过认识人的需要，并在这种认识的基础上，鼓励、支持和强化个人的那些符合图书馆的需要、为图书馆所许可的愿望和追求，限制个人那些不符合图书馆的需要、为图书馆条件所不许可的愿望和追求，甚至对满足后一种需要的行为实施必要的惩罚。

（2）通过促进人的需要的满足去实现对人的管理

人的全部行为归根结底都是为了满足自身需要的活动。管理就是要预测作为管理对象的人在一定环境下会怎样行动，要了解是什么东西在引导着他们工作，什么东西在激励着他们前进，说到底，也就是要知道他们需要的是什么。所以，考虑作为对象的人的各种需要，解决个人需要与集体需要之间的矛盾，是管理者的重要职责。图书馆管理者要把读者的需要、馆员的需要和图书馆的需要紧密结合起来，保证图书馆成员的个人需要不仅在一时一地得到满足，而且能够长期稳定地得到满足，以极大地调动他们完成图书馆任务的积极性，并进一步促进他们为满足需要、实现利益而努力。

（3）通过唤起和促进人的需要的生成去实现更积极主动的图书馆管理

在某种意义上，能否唤起被管理者的需要，是管理活动有效、成功与否的测量器。任何管理者都希望通过对被管理者施加信息影响，唤起他们对图书馆、集体必需的有关活动的兴趣。有效的图书馆管理是使被管理者自觉地把图书馆的利益变成他个人的利益，把图书馆的信念变成他个人的信念，把图书馆的事业变成他个人的事业。这时，被管理者执行图书馆活动是出于他个人的内在推动、内在需要。

3.重视人的精神、价值观和政治思想在图书馆管理中的作用

我国古代早有"为将之道，当先治心"的名言。随着社会的不断进步和人们物质文化生活水平的不断提高，人的精神追求、价值观的实现和思想政治因素在管理中发挥的作用越来越大。因此，图书馆管理应顺应这一历史潮流，重视文化建设，加强思想政治工作，以使图书馆系统有明确的追求目标，形成良好的共同价值观和强大的精神凝聚力。精神凝聚力是最根本的凝

聚力，任何图书馆只要形成了强大的精神凝聚力，就能充分发挥人的"自动自发"功能，就能经得起任何艰难困苦的考验，无往而不胜。

4. 创造能充分发挥人的聪明才智和拔尖人才脱颖而出的机制和环境

一般来说，一个体力、脑力比较健全的人，只要使其能力得到一定程度（不一定是全部）的发挥，就可以创造多于自己正常消费的财富。按照这一推理，任何图书馆都不存在人的能力和积极性缺乏的问题，而只可能存在缺乏使人的能力和积极性得到充分发挥的机制和环境。当今图书馆中所存在的种种影响人的才能和积极性充分发挥的因素，如领导作风、运转机制、管理制度、精神风貌等，大多是人为原因造成的。因此，要想提高图书馆管理水平，增强图书馆系统的活力，就必须大胆地消除影响人的才能和积极性充分发挥的各种障碍。图书馆可通过实行民主管理，建立平等竞争机制，制定公开、公平和公正的分配制度与干部培养、选拔、任用和考核制度，以及贯彻目标、责任、权力、绩效等措施，来营造一种人才成长的优良环境。

三、效益原理

效益是管理的永恒主题。任何组织的管理都是为了获得某种效益。效益的高低直接影响着组织的生存和发展。图书馆管理自然也不例外。

（一）图书馆管理的效能、效率和效益

图书馆管理的效能是指图书馆管理系统所具备的实现目标的有效做功本领或有效行为能力，它直接取决于图书馆管理系统的目标是否明确、结构是否合理以及图书馆人的积极性发挥得是否充分。

图书馆管理效率包括两层意思：一是指图书馆管理行为趋向系统目标的速度，即单位时间内图书馆管理系统所完成的工作量；二是指图书馆管理系统完成单位工作量所消耗的劳动量（包括知识和物化劳动等）。

图书馆管理效益是指图书馆管理系统为一定的目标、以一定的效率发挥其效能的结果或效果。

一方面，从动态过程看，图书馆管理效益是管理目标行为有效做功的结果，它表现为管理效能、效率和系统目标的函数。

另一方面，从静态结果看，图书馆管理效益又主要由经济效益和社会效益构成。图书馆管理系统所表现出来的内在价值被称为经济效益，图书馆管理系统对图书的价值被称为社会效益。经济效益与社会效益既有联系，

又有区别。讲经济效益是讲社会效益的基础，而追求社会效益又可以成为提高经济效益的重要条件。两者的区别主要表现在经济效益较社会效益更为直接和显而易见，经济效益可以运用若干个经济指标计算和考核，而社会效益则难以计量，必须借助于其他形式间接考核。图书馆管理活动在处理经济效益与社会效益的关系上，应该是统筹兼顾，最大限度地追求经济效益和社会效益的同步增长。既反对单纯追求经济效益而不顾社会效益的倾向，也反对片面讲求社会效益而不讲经济效益的做法。当经济效益与社会效益发生矛盾时，应当从全局出发协调两者的关系，但基本的原则是要让经济效益服从和服务于社会效益。

（二）图书馆管理效益的根据

1.生产方式

从根本上来看，图书馆管理效益是由生产方式决定的。一个社会的生产方式是这个社会劳动者与劳动资料的结合方式，它既是人与自然之间发生物质变换的方式，也是人与人之间的物质交往方式。在这两个方面都伴随着管理活动。在某种意义上，图书馆管理活动是生产方式的外在表现，有什么样的生产方式就必然会有什么样的管理活动。所以，生产方式既决定着图书馆管理的性质，也决定着图书馆管理的方式。图书馆管理具有什么样的性质和以什么样的方式存在，又直接决定着图书馆管理的效益。因而，生产方式从根本上决定图书馆管理的效益。

2.管理者

管理者是管理主体，在图书馆管理活动中居于支配地位，起核心作用。管理者的思想观念、行为方式对图书馆管理效益的影响是十分明显的。这是因为，管理者的思想观念在管理活动中往往表现为管理的指导思想，这种指导思想又会支配管理行动，使其表现出特定的管理行为方式。管理者的思想观念、行为方式对图书馆管理效益的影响，是通过对图书馆管理活动的计划、组织、领导、控制和评价等职能和环节而实现的。

3.管理对象

图书馆管理对象是由人、财、物、信息资源等要素组成的一个有机体系，其中，人是最重要的。尽管财、物、信息资源等要素的组合对提高图书馆管理效益具有不可忽视的作用，但这种作用只有通过人的活动才能实现。人的素质水平、工作责任心、主观能动性发挥的程度，往往决定着其他管理对象发挥作用的程度。

4.管理环境

图书馆管理效益是通过有效的管理活动实现的，而管理活动又是在外部客观环境的影响下进行的，因此，管理环境也是影响管理效益的一个重要因素。影响图书馆管理效益的环境因素包括政治环境、经济环境、科学技术环境和社会心理环境。

弄清影响图书馆管理效益的因素对于提升图书馆管理效益具有重要意义，这主要表现在以下几方面。

首先，可以使管理者提高认识，在图书馆管理活动中注重运用科学的管理方法和民主的管理手段，自觉地提高管理水平。

其次，可以使管理者认识到人的因素对于管理效益的意义，注重调动人的积极性，提高人的素质，协调人们之间的关系，使人与物的结合方式达到最佳的优化状态。

最后，可以使管理者树立开放的管理观念，不是把眼光局限于自己的管理范围之内，而是在更广阔的视野中看待自己的管理范围，认识环境因素对图书馆管理活动的影响，自觉地利用一切有利的影响，避免不利的影响，从而大大提高图书馆管理效益。

第三节　用科学发展观指导现代图书馆管理

一、科学发展观对现代图书馆发展的意义

现代图书馆既面对发生深刻变化的市场经济，又面对充满挑战与竞争的国际形势，图书馆需要更深层次和更广范围地融入世界图书馆体系。国内市场经济日趋成熟和完善，对图书馆服务的模式和质量标准提出了更高的要求。图书馆的改革与创新是时代的呼唤，是历史的必然。

（一）现代图书馆创新需要先进理论作指导

我国图书馆事业的发展是在计划经济的模式下运行的，图书馆只是各级政府下面的一级组织或附属物。虽然改革开放给图书馆带来了生机，但长期以来形成的一些深层次矛盾并没有得到解决。从图书馆面临的任务看，现

代图书馆既需要观念层面、管理体制和运行机制的创新，又需要工作内容、服务方法和技术手段的创新。现代图书馆工作实践需要先进理论的指导，而科学发展观强调以人为本，注重全面、协调和可持续发展，为图书馆事业的发展提供了科学的理论指导。

（二）科学发展观是图书馆创新的基础和标准

图书馆的性质决定了其与知识、信息的联系最为密切，图书馆的发展与信息技术密切关联，信息技术不仅决定着社会信息量的大小和信息载体的物理形态，而且决定着图书馆进行信息整合和开展信息服务质量，决定着现代图书馆外部的信息环境和内部的业务工作手段。面对现代图书馆信息管理挑战，如何在市场、环境、生态协调发展的可持续发展基础上创新、整合和构造图书馆可持续发展观？如何将图书馆的发展牢固奠定在网络环境、社会需求、先进技术的坚实基础上？如何在理论层面发掘图书馆可持续发展的基本规律，并在实践层面探索和实现图书馆的可持续发展？当务之急是要紧紧抓住科学发展观这一最具决定作用和本质意义的因素。

现代图书馆在创新过程中的一项重大任务就是对图书馆管理体制进行积极探索，创建图书馆特色，逐步改变计划经济条件下形成的部门和地方条块分割、大而全和小而全的封闭办馆局面。现代图书馆要走与世界图书馆共同发展之路，融入世界图书馆事业的发展行列，加快图书馆的个性化、特色化建设。图书馆管理需要以全球的视角进行定位，建立开放的机制，并运用国际通用的管理理念与标准，使图书馆与世界图书馆在同一平台上开展交流与合作。在某种意义上，构建现代图书馆制度、深化图书馆管理机制，就是走图书馆内涵发展之路。这是当前促进图书馆现代化、提升图书馆整体水平的重要举措。

二、用科学发展观指导现代图书馆创新理念

（一）用科学发展观指导图书馆观念创新，观念是行动的先导

图书馆创新，观念是先导，首先要坚持和发展适应国家发展要求的图书馆思想观念，同时要重视研究和解决图书馆面临的新情况、新问题。深入探索新形势下图书馆发展的规律，更新图书馆观念；确立与文献信息资源需求相适应的图书信息新观念，树立科学的图书馆发展观。立足本职，继承传统，借鉴国外，学习新知识和与时俱进的全面发展观。图书馆的传统观念具

有一定的稳固性和独立性，如不关注时代的进步和形势的变化，就会变成一种惰性，形成思维定式，图书馆工作也会因此停滞不前。

现代图书馆创新的首要问题是图书馆管理思想观念上的与时俱进，真正地把思想认识从不合时宜的观念、做法和体制的束缚中解脱出来。图书馆现代化是一个动态过程，现代性乃是现代化的结晶，是现代化过程与结果所形成的属性。第一，从特征上讲，现代性标志着从传统到现代的转变，表现为与某些传统的断裂。第二，自由构成现代性的核心，人的各种权利的保障构成现代性的前提。第三，现代性表现为建立竞争机制与合理科学的社会规范，即竞争的理性化过程。现代性的理性化，乃是竞争中的理性化。现代化的过程是一个建立竞争机制的过程。

（二）用科学发展观指导图书馆现代信息管理制度创新

图书馆管理制度和体制是图书馆创新中的重点，现代图书馆制度是一种建立在法制基础上的制度体系，具有法定组成机构及由此而构成的图书馆管理及其运作体系。这种制度体系保障了图书馆发展的顺利进行，并促使图书馆建立自我完善、自我革新和自我提高的机制，使各类型图书馆在面向社会、市场进行为用户服务的过程中，主动适应政治、经济、科技、教育、文化和社会发展，不断满足人们日益增长的对文献信息资源的需求。现代图书馆制度构建主要体现在以图书馆为本的管理体制和机制建设，建立效能图书馆，强调从改进到发展、从数量到质量、从用户到内部管理、从文献管理到知识管理、从经验管理到科学管理、从重视物质建设到文化建设，形成以人为本、行为规范、运转协调高效的信息管理现代化图书馆。

（三）用科学发展观指导图书馆转变观念、整合创新理念

1. 坚持以人为本

现代管理的核心观念是以人为本，"代表着中国最广大人民的根本利益"。首先要树立"人本主义"的发展观，这是当今社会发展的主题，也是科学发展观的中心任务。现代科技加速进步，网络信息量迅速增长，是因为现代文化蕴含的信仰和理念注重物质满足和知识创新、轻视精神超越，现代各种制度固化了重物质轻精神、重理性轻道德的人类生活习性。以人为本的发展观就是人类在对现代文明沉重反思后发出的呼唤。以人为本的发展观追求的是人的发展，图书馆从古代追求文献收藏，到现代追求社会服务，现在

又升华为追求社会化服务到人的发展，这是时代的进步。现代图书馆的"人本主义"科学发展观，也是图书馆现代化的基本内涵。

2.坚持图书馆传统文化与借鉴世界图书馆科学成果

要在正确地分析、把握、预测社会期待和读者需求的基础上，在充分吸收世界现代图书馆制度普遍性的文明成果基础上，体现人文精神、引导人们的价值取向、传递职业理念、保障读者权利。

3.建立理性化的竞争机制与科学合理的规范

从某种意义上来说，图书馆现代化的过程是一个建立竞争机制的过程，没有竞争，就没有现代化，没有现代社会的活力。竞争是社会效率与效益的内在要求，是加快社会发展的需要。传统图书馆与现代图书馆的区别，在于是否建立起竞争的机制。图书馆没有竞争，其结果只会是低效率与低效益的。信息资源也无法得到较好的配置与利用，其结果只会是高投入低产出。但竞争是一把"双刃剑"，既能促进图书馆发展，也会产生负面效应，即无序竞争。因此，如何使竞争理性、有序，是现代图书馆研究的一个重要课题。

（四）现代图书馆制度的确立需要建立外在制度和内在制度

图书馆管理的内在制度和外在制度二者相互影响、相互促进。内在制度是外在制度的基础，缺乏一定的内在制度，外在制度往往难以有效实施。因此，现代图书馆制度创新，一方面需要构建以馆员咨询服务为主、以图书馆参考咨询为标志的外在制度，另一方面必须培育以读者为对象、以导航为核心的内在制度。作为内在制度的核心，"以人为本"是现代图书馆得以确立的基础。在图书馆内部管理体制方面，应该解决行政权力泛化，走决策专业化之路，进行管理机制创新必须借鉴世界上先进的办馆经验和管理经验。图书馆本质上是一个学术性的服务机构，应该遵循学术管理的规律。从当代世界先进图书馆的经验看，普遍重视学术权力，重视个性发展。扩大读者的参与度，确立广大读者和用户在图书馆的主体地位和权利。

科学发展观着眼于和谐发展、全面发展，而非偏重一个或几个方面。

首先，图书馆作为一个整体，有着自己完整的业务链和服务体系，只有当各业务链的节点有机地联结起来的时候，图书馆才能发挥整体的功能和效益。

其次，图书馆作为一个知识传播机构，必须以社会和谐、以人为本，统筹区域发展、社会经济文化发展为基础，以人为本应成为贯穿图书馆发展的一条主线。

现代图书馆系统的运行机制是面向服务的，图书馆的资源管理与服务内容应时常根据社会的、用户的需求进行调节，以适应社会发展环境的不断变化。只有这样，图书馆才能成为一个真正动态的、可持续发展的、变化的知识服务体系。

第四节　现代图书馆管理目标

随着国家对精神文化建设的重视，图书馆的建设事业在我国有了长足发展，且越来越普及、越来越成熟。21世纪中国图书馆所要达到的目标，是要实现中国图书馆的现代化，实现图书馆的自动化管理，并由现代化带动图书馆事业的全面繁荣，中国图书馆伴随着新世纪的曙光，走上了新的发展征程。而要实现这一总的目标就必须对具体目标进行规划管理。

一、图书馆管理目标的内涵

对图书馆管理目标的概念可以从以下四个方面来理解。

首先，图书馆管理目标是管理的一种参与形式。目标的实现者同时也是目标的制定者，即由上级与下级共同确定目标，上下级协商，制定出图书馆各部门直至每个员工的目标，用总目标指导分目标，用分目标保证总目标，形成一个目标手段链。因此，应强调自我控制，通过对动机的控制达到对行为的控制，对权力下放的过程进行管理。

其次，图书馆管理目标力求将图书馆的目标与个人的目标紧密地结合在一起，以增强员工在工作中的满足感，调动员工的积极性，增强图书馆的凝聚力。

再次，图书馆管理目标层次包括图书馆整体发展战略目标、图书馆年度目标、各部门目标和馆员个人目标。图书馆管理目标以图书馆战略目标为前提，以图书馆年度目标为依据，将各种任务、指标层层分解到各部门和每个人。

最后，图书馆管理目标实施的关键是事先制定图书馆合理的任务指标体系、考证因素分值体系和奖罚标准体系；事中进行过程管理，检查考评目标的执行情况；事后按工作绩效和约定的奖罚标准及时兑现奖罚。

二、图书馆管理目标的特点

（一）图书馆目标的管理是面向未来的管理

目标是一定时期内个人或集体活动预期要达到的结果（效果）。这就决定了目标的未来属性。当然，面向未来进行管理，不是否定图书馆过去的历史经验，不是不重视现实情况，而是不被传统的经验束缚，不为现实的情况所困惑，把注意力和工作重点放在对图书馆未来的谋划上（即选择和确定目标）。这是一个目标方向选择和总体目标规划问题。对于管理绩效，现代管理理论有一个重要的公式：

管理绩效＝目标方向 × 工作效率

目标方向错了，效率再高也只能是无效劳动。在保证图书馆目标方向正确的前提下，还要做好总体目标规划，以有效地指导图书馆管理活动。

（二）图书馆目标的管理是系统整体的管理

有组织的集群活动之所以比个人的力量大，之所以能完成个人无法完成的任务，就在于经联系把分散的个体结合为一个整体——组织系统，而图书馆管理活动是在组织系统内进行的。由于图书馆管理活动的这种系统特性，就决定了必须以共同的目标来统一全体人员的思想和行动，必须实行系统整体管理，才能获得好的绩效。

为什么说图书馆目标管理是一种系统整体的管理？

第一，目标是图书馆系统功能的集中体现，是评价管理绩效的根本标准，因而抓住了目标也就把握住了整体。

第二，图书馆全体员工参加了管理活动。通过目标制订与分解过程，把图书馆内全体人员动员起来参加管理活动，参与对未来的谋划。这样既有利于使全体人员明确图书馆的共同目标，加强整体观念；又有利于明确各部门、各个人为实现共同目标所应承担的任务和目标以及在图书馆系统中所处的地位和作用，从而达到运用目标系统实施系统整体管理的目的。

第三，明确了目标也就明确了工作重点，有利于按"保障重点，兼顾一般"的指导原则对全部工作进行统筹安排，指导图书馆各部门和各个人的行动，防止"各唱各的调"的现象发生，从而达到保证整体和提高管理绩效的目的。

（三）图书馆目标的管理是重视成果的管理

人们从事各种活动的共同愿望就是最大限度地获取尽可能好的成果。然而，对于图书馆管理活动来说，怎样才能获得尽可能满意的成果呢？为此，首先必须搞清楚什么是图书馆管理活动的成果。由于图书馆管理是有组织的集群活动，所以图书馆管理活动的成果是指图书馆的目标水平和目标达成度，即目标成果。目标水平高、目标达成度高，图书馆管理活动的成果就大，反之就小。那么，什么是图书馆的目标成果？目标成果是由图书馆的基本任务——最好地满足读者的知识信息需求决定的，即将基本任务转化为目标的那部分成果。如果抓不住目标成果，就是本末倒置了。比如，一所图书馆打扫卫生得了红旗（成果），或参加红歌比赛得了第一名（成果），但读者投诉相当多，藏书利用率也很低，能说这所图书馆办好了吗？答案显然是否定的。因此，通过目标成果评价图书馆管理绩效是合理的，图书馆目标管理就是重视成果的管理。

（四）图书馆目标的管理是重视人的管理

管理的核心和动力是人，没有人的积极性是不能把事情办好的。人既是图书馆系统的管理者，也是被管理者，只有建立良好的人际关系，才能使图书馆管理产生好效益。然而，怎样调动图书馆人的积极性，协调好图书馆人际关系？图书馆目标的管理强调以下几点。

第一，目标要经过上下级充分协商以后由下级自己制定目标，不要勉为其难和强行指定任务，并且上级还要为下级创造实现目标的条件，以提高下级实现目标的信心和主动性。

第二，用目标指导行动，要求上级少干预下级的工作，发挥下级自主管理能力，以创造施展才华的环境。

第三，明确目标，使图书馆人在从事某一项活动之前，就知道活动的目的和要取得的具体成果，使"软"的管理变成可以看得见的"硬"管理，既增加压力又增加动力，以激励图书馆人为实现目标去奋斗。

三、图书馆管理目标的基础工作

图书馆目标的管理作为一种管理制度和管理思想，是以目标为中心进行的一系列有组织的活动。它与其他管理制度一样，需要建立在一定的基础工作之上。

（一）图书馆管理目标基础工作的概念

什么是图书馆管理目标的基础工作？简单地说，图书馆管理目标的实现要完成的基础工作就是为建立图书馆目标管理制度打根基的起点性工作。从管理学角度分析，可以理解为是为建立目标管理制度和发挥各项专业管理的作用而提供的必不可少的经常性工作。

图书馆类型和规模的差异，导致不同类型和规模的图书馆担负的任务也相对不同，因而不同类型、不同规模的图书馆实施目标管理所需要的基础性工作也各有侧重。但是，它们共同的基础工作应包括基础知识教育、标准化、责任制和信息工作四项。不管什么类型、什么规模的图书馆，只要其实施目标管理，这四项工作都必须先期做好。其中，基础知识教育是先导，标准化是依据，责任制是核心，信息工作是纽带。它们组成一个有机的整体，缺一不可。

（二）基础工作与图书馆目标管理的联系

1. 基础知识教育与图书馆目标管理的联系

基础知识教育是指为提高馆员的基本素质而进行的有关本职业、本岗位的职业道德、技术业务和纪律教育，其主要内容包括履行岗位责任制的应知应会教育、职工守则、馆规馆纪、安全卫生知识教育、目标管理基本理论和方法教育等。基础知识教育是图书馆推行目标管理的先导。

2. 标准化与图书馆目标管理的联系

标准化是以制定和贯彻统一的标准为核心的一系列活动过程，它是现代图书馆管理的重要手段。没有标准化，就没有专业化和高质量，就会给图书馆系统造成混乱。标准化与图书馆目标管理之间具有密切的联系，这具体表现在以下两方面。

第一，标准是目标的依据，即无论是确定目标还是考评目标都离不开标准。所谓标准是指对重复性事物和概念所做出的统一规定。它以科学、技术和图书馆实践经验的综合成果为基础，经有关方面充分协商同意，由公认的机构批准，以特定的形式发布。标准一经确定，就在其规定的范围内成为大家共同遵循的准则，具有强烈的权威性和法制性。因此，确定目标必须以标准为前提和依据。

第二，有些标准可以纳入目标体系，成为其重要组成部分。图书馆目标是在一定时间内预期达到的目的和成果的综合反映，其具体表现形式包括目标方针、目标项目和目标值三部分。其中大部分目标值实质上就是标准，或者说是将那些符合自己主观条件的标准转化成为目标值。

3.责任制与图书馆目标管理的联系

责任制是以提高图书馆管理效益为中心，以正确处理图书馆、读者和馆员三者之间的利益关系为基本原则，明确规定图书馆系统内部各个部门及各类人员的职责和权限的一种管理制度。责任制与图书馆目标管理的内在联系表现在以下两方面。

第一，二者都是一种重要的管理制度，都要以正确处理图书馆、读者和馆员三者之间的利益关系为基本原则，以提高图书馆管理效益为出发点和归宿，以充分调动馆员的积极性为基本手段。

第二，图书馆目标展开、分解以后，必须将目标责任落实到人，这就要以责任制为基本保证。正因为如此，责任制被看作是图书馆目标管理基础工作的核心内容。

4.信息工作与图书馆目标管理的联系

信息是管理的最基本要素之一，任何管理活动都离不开信息。同样，图书馆目标管理也离不开信息。确定目标需要以获取大量信息为依据，展开目标需要加工处理信息，实施目标需要不断反馈分析信息，评价目标需要整理和存储信息。图书馆目标管理的过程就是信息的传递和变换过程。因此，信息工作是图书馆目标管理基础工作的重要内容，是使图书馆目标管理得以正常运转的纽带和桥梁。

（三）图书馆目标管理基础工作的特点

图书馆目标管理的基础工作主要具有以下三个特点。

1.先行性、连续性和稳定性

基础工作大多建立在各项专业管理之前，并贯穿于整个图书馆管理活动过程。以标准化为例。标准化就是制定标准和贯彻标准的一系列活动：在推行目标管理时，确定目标应以标准为依据，实施目标和绩效审核也同样离不开标准，所以说它既具有先行性，也具有连续性。其他两项工作也具有同样的特征。此外，尽管随着形势的发展和认识的深入，基础工作在内容和方法上要不断发展，但在一定时间范围内一般会保持相对稳定性。

2. 空间上的低层次性和群众性

基础工作一般发生或作用于较低层次，属于很具体的工作，往往牵涉许多一线员工。它们是图书馆各项专业管理职能发挥作用的前提和依据，所以必须围绕图书馆系统总目标踏踏实实地去做，应设置相应的组织机构或专职管理人员，做到基础工作扎实可靠。

3. 内容上的多维性和多层次性

多维性是指基础工作包括多种不同的角度和多个方面，它们相互交叉、相互渗透，又能各自单独地发挥作用。多层次性则是指其工作内容涉及图书馆系统的各个层次、各个岗位、各类人员。因此，图书馆全体人员必须共同努力才能做好基础工作。

四、图书馆管理目标的运行

图书馆管理目标过程依序涉及三个环节，即图书馆目标的设定、图书馆目标的实施和图书馆目标成果的考评。图书馆目标管理就是围绕这三个环节的循环来运行的。

（一）图书馆目标的设定

图书馆目标管理的第一步工作和关键环节就是设定目标。目标是图书馆目标管理的依据，只有制定出既符合图书馆实际情况又有利于图书馆长远发展的目标，才能使图书馆目标管理活动收到好的成效。

1. 设定图书馆目标的依据

确定目标是图书馆内外条件统一的过程，即馆内条件与馆外因素的有机结合。因此，按"充分、必要"的原则处理好目标与条件的关系，是正确设定目标、保证图书馆目标管理绩效的基础。

（1）馆内条件

确定目标时的馆内条件包括图书馆的人力、财力、物力、信息力等实力情况，图书馆人员素质与管理水平，上期目标或任务的完成情况等。这些条件是确定目标的内在基础，其中，人力、财力、物力、信息力等实力是确定目标的资源基础，人员素质和管理水平直接关系到资源的合理使用和作用的充分发挥，而上期目标或任务的完成情况在一定程度上代表了图书馆的基础和人员水平。

（2）馆外因素

首先，设定图书馆目标是图书馆主管部门的要求。主管部门的要求包括上级的目标、上级下达的任务和指令性计划，这是图书馆确定本馆目标的基本依据。

其次，设定图书馆目标是因为一些政治的、经济的、法律的、技术的和自然的因素的需要。政治因素是指国家制定的有关科学、教育和文化事业发展政策，尤其是图书馆事业发展政策。经济因素是指国内外经济形势，如书刊价格走势、通货膨胀率、图书进出口贸易等。法律因素是指知识产权法（尤其是著作权法）和图书馆法的立法状况。技术因素是指科学技术的发展水平，尤其是新型信息技术的开发与应用状况。自然因素是指气候、地理位置等自然环境条件。这些因素都是确定图书馆目标的约束条件和客观基础，必须对它们进行深入的调查研究和分析。

2.设定图书馆目标的要求

一个好的图书馆目标必须满足下列要求。

（1）灵活性与一致性结合

系统原理告诉我们，构成系统的各要素之间必须有合理的结构、有序的联系，才能使系统的整体功能得以发挥。因此，确定图书馆目标时，必须使本级目标同上级目标保持一致，使分目标与总目标保持一致，以保证上级目标和总目标的实现；同时还要从本级的实际出发，使目标具有一定的灵活性，要发挥本级的优势和长处，使目标有一定的弹性，能够适应未来的发展和信息环境的变化。这种灵活性与一致性的结合，既能保证上级目标的实现，又能充分发挥本级的主观能动性，提高图书馆管理绩效。

（2）关键性与全面性结合

确定目标时，既要从图书馆的基本任务出发，全面考虑，又要突出重点和关键性工作。所谓全面性，是指目标要能反映图书馆的全面工作，体现图书馆的基本任务，使下属的各个部门乃至每个人都有目标。所谓关键性，是指目标不能包罗万象，不能（也没有必要）把全部工作都列入目标，必须突出重点，抓主要矛盾。这样才不至于造成人力、财力、物力的过于分散与领导精力的过于分散。在有多个目标的情况下，要区分目标的主次，从资源分配上优先保证重点目标。

（3）具体化与定量化结合

图书馆目标不应该是一句空洞的口号，应该让人们看得见、摸得着，使人们在实施目标的过程中努力有方向、检查有依据、考核有标准。为此，目标应该明确、具体，尽量用定量的指标描述，如"藏书利用率达到80%""图书分类误差率不超过0.5%"等。对于难以量化的目标，也应该尽量具体化，定出衡量的标准，便于实施和考核。例如，对于阅览室的工作人员，一般不宜用进阅览室的读者人次衡量其工作业绩，但可以借助书刊丢失率、书刊破损率、环境卫生状况、书刊归架准确度、读者投诉人次等指标间接考核其工作业绩。

（4）可行性与挑战性结合

图书馆目标是激发和调动人们积极性的动力。目标没有挑战性，不用付出多大努力即唾手可得，就没有激励作用，也无助于提高馆员的能力；但如果目标定得过高，经过努力也无法达到，使人感到可望而不可即，又会使人们丧失信心，挫伤人们的积极性。只有把可行性与挑战性恰当地结合起来，才能发挥目标的激励作用，鼓舞和团结人们为之奋斗。

（5）指令性与民主性结合

设定目标是图书馆领导者的重要职责，必须由领导者亲自决策。而且目标一旦确定，就必须坚决贯彻实施，务求实现，不允许有背离目标、同目标方向不一致的行动。这是设定图书馆目标过程中的指令性一面。但是，设定图书馆目标又不是领导者一个人的事。任何领导者个人的能力、经验、智慧都是有限的，要顺利而正确地设定目标，必须依靠群体的智慧与才能。这既包括发挥智囊机构的作用，也包括发动下级管理者和广大群众参与目标的制订，走群众路线。

3. 设定图书馆目标的程序

通常情况下，图书馆目标的设定要遵循以下步骤。

（1）正确理解图书馆的整体目标，并向下属传达目标与方针

图书馆目标管理的指导原则之一是每个管理人员都要承担帮助上级实现目标的责任。换句话说，图书馆每一个管理人员在他的上级的目标中，都有他的一部分活动。为了达成图书馆的整体目标，首先应由图书馆决策层确定目标和方针，然后下属由此决定自己的目标。如果图书馆决策层不能向下

属明确传达整体目标和方针，下属就会因为不了解图书馆的目标，而影响工作的积极性，以致可能在理解部门目标以及制订个人目标时与实际情况出现偏差。

（2）在设定自身目标前，充分进行横向讨论

下属设定目标前，应注意理解上级的目标及方针，并与横向的关联人员进行充分讨论。只有经过充分讨论，明确了相互之间的关系，才算真正做好了设定自身目标前的准备工作。

（3）下属设定自身的目标（部门或个人目标）

经过上面的步骤后，下属就可以开始设定自身的目标了。但下属在设定自身的目标时，一定要注意其目标必须与上级的目标相关联，而不能是孤立的。只有这样，图书馆目标管理才会因一级一级目标的实现而取得预期的效果。在设定目标时，如果需要上级的支持，也应该同时向主管明确表示。

（4）进行纵向讨论，检查是否与上级目标一致

目标虽然最后由本人自主设定的，但是并不是说目标设定了以后就一成不变。不光自己要时时检查设定的目标与上级目标是否一致，上级也要时时检查各个目标是否与整体目标相关联。如果设定的目标不切实际，上级还要与该员工进行深入而诚恳的讨论，并在相互了解的基础上加以调整。

（5）列出可能遇到的问题，并找出相应的解决方法

通常情况下，这一步骤容易被忽略，但实际上它对于图书馆目标的顺利达成很重要。所谓有备无患，制定目标时应该具备风险意识，也就是对目标在实施过程中可能出现的问题、障碍制定应急预案。

（二）图书馆目标的实施

1.图书馆目标实施的内涵

目标实施是实现图书馆目标的过程。在实施图书馆目标之前，应将图书馆总体目标分解成若干阶段工作目标，对每一阶段的工作目标都应制订详尽的工作计划。在实施目标的过程中，图书馆领导或部门负责人应与员工沟通，了解目标的完成情况，诸如项目进行到什么地步？项目是否按规定的时间、质量完成？领导者应了解员工在目标完成的过程中需要哪些支持，并督促其完成项目。

图书馆目标实施包括以下内容。

（1）设计目标完成各阶段时间表、质量记录文本等内容。

（2）过程要点的检查监督与记录以及阶段评估。

（3）目标执行过程中的调整。

（4）检查反馈沟通记录。

2. 图书馆目标实施的影响因素

在图书馆目标的实施过程中，下列五个因素会影响其实施效果。

（1）对图书馆目标的期望强度

通常情况下，人们对目标的期望强度基本决定了其实现目标的可能性，因为人们对目标的期望强度决定了其为实现目标而付出的努力。期望强度越高，人们的付出就越多，积极性和动力也越大，目标实现的可能性越高。经验表明：当对目标的期望强度 ≤ 50% 时，目标基本上不会实现；当 50% < 期望强度 < 100% 时，目标有可能成功，但失败的可能性也很大；只有对目标的期望强度 = 100% 时，人们才会保持着很高的热情和动力来执行目标，目标才可能会实现。

（2）对图书馆目标的认同感

一般来说，人们总是对自己不认同的那些目标缺乏兴趣，相应地实施该目标的动力也不足。同样，目标只有获得了管理者的认同，才会得到其支持而顺利实现。组织目标与个人目标的紧密结合，可以增强员工的满足感、积极性和凝聚力。

（3）图书馆目标实施过程中的自我评估

在达到目标的过程中，不断对自我进行评估，不但有利于提高自己的能力，还能帮助员工掌握进度，对目标的执行进行有效的控制。

（4）图书馆目标实施情况的反馈

反馈是组织中常用的激励策略和行为矫正手段，目标与反馈结合在一起更能提高图书馆绩效。目标给人们指出应达到什么样的结果，同时它也是个体评价自己绩效的标准。反馈则告诉人们这些标准满足得怎么样，哪些地方做得好，哪些地方尚待改进。在图书馆目标实施过程中进行反馈，有利于目标的顺利实现，以防实际与目标发生偏离的情况产生。

（5）对图书馆目标实施过程的多点控制

在图书馆目标的实施过程中，通过上下级共同制定目标、共同监督，可以对目标进行调整并对目标的实施情况进行控制。这不但可以保障目标按照预期的方向顺利实现，而且可以提高上下级对工作的控制管理能力。

3.图书馆目标实施过程中的控制

图书馆目标在具体实施过程中，控制主要包括以下四个方面。

（1）制订工作计划

制订工作计划包括两个方面：一是确定完成任务的各阶段工作计划；二是检查完成各项工作计划所需的资源。

（2）明确目标实施过程中的授权

授权就是分配他人具体任务以及完成这些任务的权力，同时双方对如何评估任务结果的方法达成一致意见。制订好目标的工作规划及确定完成任务所需的资源后，要根据目标的规划及资源状况进行授权并分配相应的责任。通过授权，让图书馆每个部门直至每位员工能更有效地实现自己的目标任务。

在图书馆目标实施过程中的授权包括三个方面的内容。

①要落实好层次管理，分责分权。

②要落实目标责任，强化动态管理。

③要完善激励机制。

（3）进行良好的沟通

图书馆目标实施过程中的沟通并非只是为了通报信息，更重要的是为了达成共识，使上下级能及时地把握目标的执行情况。在图书馆目标实施过程中，管理者可以采取以下方式进行沟通。

①每月或每周同每名员工进行一次简短的情况通气会。

②定期召开例会，让每位员工汇报他完成任务和工作的情况。

③收集和记录员工行为或结果的关键事件或数据。

④督促每位员工定期进行简短的书面报告。

⑤非正式的沟通。

⑥当出现问题时，根据员工的要求进行专门的沟通。

（4）进行目标跟踪

在执行图书馆目标的过程中，对目标的跟踪有以下几个方面。

①衡量工作进度及其结果。

②评估结果，并与工作目标进行比较。

③对下属的工作进行辅导。

④如果发现严重的偏差，找出原因并加以分析。

⑤采取必要的纠正措施，或者变更计划。

在进行目标跟踪时，要注意以下事项。

①要遵循对事不对人的原则。

②要让下属了解工作跟踪的必要性。

③工作跟踪不是简单地监督工作情况，关键在于要辅助下属更好地完成工作，达成预定目标。

④在跟踪工作绩效表现和执行改正措施时，要让下属亲自参与。

⑤不以权威和命令的方式进行跟踪。

⑥对下属遇到的困难表示理解，针对不同情况，努力帮助下属解决困难。

（三）图书馆目标成果的考评

1.图书馆目标成果考评的原则

图书馆目标成果考评，是指图书馆管理者在目标管理实施过程结束后，将所取得的工作成果与原先确定的目标项目标准进行比较，从而对目标的实现情况进行衡量，并总结目标管理活动的经验教训，然后以此为依据对图书馆成员进行适当的奖励和惩罚，以便开始新一轮的目标管理循环的时候有更好、更高的起点。

图书馆目标成果的考评对于充分发挥目标管理的导向作用和激励员工具有重要作用，它关系到图书馆目标管理是否做到善始善终，以及能否在新的起点上开始更高水准的循环。因此，必须确保成果考评的科学性和准确性，这就要求在目标成果考评过程中，必须严格遵循以下几条原则。

（1）目标性原则

成果考评的基本尺度就是目标本身。因此，必须按照目标所给定的各类定性和定量的项目指标对目标成果进行考评，切不可偏离目标，重新搞一套评价标准进行考评，以免成果考评失去原来的意义。

（2）激励性原则

成果考评的目的，是通过对整个图书馆推行目标管理活动的考评来检查图书馆成员的工作能力与绩效，并以此为依据进行奖惩，以激发图书馆成员的工作热情和拼搏精神。为此，在考评活动中，必须严格按照评价标准分清功过是非，充分运用考评的结果，达到奖勤罚懒、鼓励先进、鞭策后进，推动图书馆成员整体素质、士气和工作水平不断提高的目的。

（3）客观评价原则

在目标成果考评过程中，图书馆考评人员应该从实际情况出发，实事求是，不能弄虚作假。作为考评工作负责人，必须客观地评价每一个下级的目标实现情况，做到一视同仁，不论亲疏，不讲情面，避免由于掺杂个人感情而造成的主观偏见。作为执行目标的人员，则要做到不夸大成果和实施困难，通过成果考评，客观地认识自己，找出自身的弱点和不足，以便正确树立开展下一轮循环的态度。

（4）自我考评与上级考评相结合的原则

自我考评和上级考评是图书馆目标成果考评的两个方面，它们既有联系，又有区别。所谓联系，是指两者的内容和方法基本相同，目的一致。所谓区别，是指两者的角度和要求不同。自我考评只是站在个人和局部的角度对成果进行评价，上级考评则是从较高的层次和某一全局性的角度来对成果进行评价。由于角度不同，往往对成果考评的结论也就不尽相同。在两者的结合中，要坚持以自我考评为主，辅之以上级考评。只有这样，才能充分调动双方的积极性，特别是可以促使下级积极参与成果评价，使成果考评比较符合客观实际，从而提高整个图书馆目标成果考评工作的效用。

2. 图书馆目标成果考评的内容

图书馆目标成果考评的内容包括目标状况、实施手段和工作态度三个方面，又可细分为目标实现程度、目标进展情况、目标的难度、实施手段和工作态度等具体指标，具体叙述如下。

（1）评价目标的实现程度

目标实现程度是以目标值作为考评尺度的。目标值是目标的具体形式，在考评阶段将实际成果与目标值加以比较，就可知道目标的实现程度。正常情况下，原定的目标值到目标实施过程结束不会发生什么变化，自然要成为成果考评的主要依据。但在目标实施过程中，有时会出现一些新的情况，最初提出的目标值会因为外界条件发生变化，而直接或间接地影响目标完成。这些变化造成的影响，有的可以通过目标执行者的努力来消除，有的则是主观能力难以消除的。为了正确地反映目标状况，就有必要根据外界客观条件的变化，适当地调整目标值并加以最后确定。

（2）评价目标的进展情况

目标是一个向量，不仅有质与量的要求，还有时间的要求。特别是对于那些工作过程有前后联系和逻辑顺序的部门或个人来说，对预定目标的进度要求往往很高。因此，在图书馆目标成果考评中，有必要对目标的进度加以评定。

对目标进度评价一般采用均衡性指标，它可以反映目标实施进度的均衡程度以及目标实施的实际进度与计划进度的偏离程度。均衡性指标包含三项内容：一是目标完成率，即某个时期内实际完成的目标值同计划目标值进行比较的比率；二是目标进度偏离程度，由实际目标完成率同理想完成率之间的差额来表示；三是目标进度均衡率，即理想均衡率与目标进度偏离程度之差。

（3）目标难度的比较

目标难度是指根据目标任务的性质、客观条件和外界因素等的不同，为实现预定目标时所付出的代价和努力的大小不同。图书馆不同的工作部门、不同的岗位，目标的难度往往各不相同，如参考咨询工作和流通阅览工作相比，其难度就大不一样。因此，在图书馆目标成果考评中，只注重目标的实现程度而不考虑目标难度的做法，并不能全面衡量目标执行者的业绩和能力。只有把目标实现程度和目标难度结合起来考虑，才能对目标成果作出较为全面的评价。

（4）评价实施手段的优劣

实施手段是实现目标的工具和方法，也是实现目标的基本保证。缺少了实施手段，图书馆目标任务就不能实现。一项好的实施手段，不仅能保证和促进图书馆目标的实现，而且能使目标执行者取得更大成果，充分反映出目标执行者的智慧和才能。一般来说，对实施手段的评价主要涉及三个方面：一是评价其在技术上的先进性；二是评价其在经济上的合理性；三是评价其在内容上是否具有创造性。

（5）对工作态度的考评

工作态度是指在图书馆目标推行过程中，目标执行者个人的积极努力和发挥主观能动性的情况，它反映了人的精神风貌。在对工作态度进行考评时，应从工作热情和协作精神两个方面着手。饱满的工作热情是实现图书馆目标的重要保证，也是图书馆具有活力的基础。协作精神是指目标执行者在工作过程中，能否主动协助他人解决困难，以及是否主动为共同目标执行者或相关人员实现目标创造良好的环境。在图书馆目标成果考评中确立"协作精神"指标，有利于加强图书馆内部的团结，确保各项子目标和图书馆整体目标的实现。

第二章 图书馆的人力资源管理

第一节 图书馆人力资源管理的含义

人力资源是重要的社会资源和经济资源，在人类组织活动中发挥着积极的能动作用。尤其是随着信息技术的广泛运用，社会突飞猛进的变化，对人力资源的结构和组织方式提出了更高的要求。因此，人力资源管理已成为有效实现组织既定目标的关键因素。图书馆作为社会信息交流的有机实体，如何适应社会发展的需要，建立合理的人力资源管理机制，真正做到在图书馆工作中发现人才、培养人才、吸引人才，从而使图书馆人力资源与物力资源实现完美结合，达到最佳运行状态，是当前图书馆管理活动中的主要任务。从某种意义上讲，图书馆人力资源的数量和质量关系到图书馆事业发展的活力和水平。

一、图书馆人力资源管理的概念

美国著名图书馆管理学家罗伯特·D. 斯图亚特（Robert D. Stuart）和约翰·泰勒·伊斯特利克（John Taylor Eastlick）指出："所有的图书馆都包括三个组成部分：物资设备与供图书馆活动用的成套设备；资源收藏；收集和组织资源的工作人员及检索用户需要的情报的工作人员。在这三个组成部分之中，只有最后一个工作人员——才能给图书馆带来生命，使图书馆有了原动力，成为社会服务的重要力量。"由此可见，人力资源是图书馆生存和发展的基本要素与动力，对图书馆事业的发展起着决定性的作用。

图书馆人力资源管理的目的就是要通过人力资源的合理调配与培训，建立图书馆组织机构与工作人员之间的良好互动关系，实现图书馆其他资源与人力资源的最佳结合。这是因为图书馆服务的开展，图书馆资源的利用、操作和配置以及图书馆形象的塑造都是由图书馆馆员来实现的。人力资源的优化配置是提高图书馆核心竞争力的关键因素，是图书馆可持续发展的坚强基石。

图书馆人力资源是指所有从事图书馆工作的在职人员的总和，或者说是指为图书馆创造物质财富和精神财富，具有从事智力劳动和体力劳动能力的工作人员的总和。它是图书馆组织中最重要的资源，在图书馆工作中发挥着主导作用。

图书馆人力资源管理是指为了顺利地实现既定目标，对图书馆人力资源的获取、开发、保持、利用进行系统化管理的活动过程。具体来说，就是在图书馆的管理活动中形成、培养、配置、周转、爱护、保全组织成员，建立组织及其成员之间良好的劳动关系，充分挖掘组织成员的劳动潜能，调动其积极性、自觉性、创造性，以实现组织目标的全过程。

二、图书馆人力资源管理的内容

图书馆人力资源管理的内容相当广泛，归纳起来，主要体现在两个层面上，即宏观的人力资源管理和微观的人力资源管理。

宏观层面的图书馆人力资源管理是指决策者在图书馆管理活动中进行的人力资源战略规划，制定人力资源发展的方针政策，分析与预测图书馆人力资源的存量与需求，控制与评价人力资源利用的管理过程。通常体现为针对社会发展以及图书馆事业发展的需要，制定图书馆人力资源的发展规划与战略管理政策，建立图书馆人力资源社会保障体系，推动图书馆人力资源管理的社会化和系统化发展，如图书馆专业人员职业资格的培训与认证工作。

微观层面的图书馆人力资源管理主要是指具体制定图书馆的人事管理制度与相关的方针政策，确定人员编制，规定人员的业务职称标准和考核标准，明确岗位要求与薪酬制度，配备与培训图书馆工作人员，协调图书馆各部门人力资源关系等图书馆管理活动过程。如果说宏观的图书馆人力资源管理的重点在于营造图书馆人力资源使用的社会环境的话，那么微观的图书馆人力资源管理则侧重于对图书馆工作人员的录用、选拔、培训、使用考核与奖惩等具体指标的制定与运用。微观的图书馆人力资源管理通常是由图书馆的人事管理部门来执行与完成的。

宏观的人力资源管理与微观的人力资源管理是图书馆人力资源管理不

可缺少的重要内容，在很大程度上决定了社会与图书馆、图书馆与部门、部门与个人之间的互动关系，也决定了图书馆事业发展的动向。

三、图书馆人力资源管理的原则

图书馆人力资源管理是图书馆管理和发展战略中重要的工作内容，需要政府和社会的积极支持以及图书馆各级领导与管理部门的协同努力。从根本上说，图书馆人力资源管理的核心是优化图书馆人力资源结构以及合理使用专业人员，它直接关系到图书馆组织的生存与发展，也是衡量人力资源管理效果的主要标准。在图书馆人力资源管理活动中应遵循"以人为本"的指导思想，坚持体现以下几个基本原则。

（一）以平衡和团队为动力

任何事物都是运动并发展的，图书馆人力资源管理也是如此。随着社会的变化和发展，图书馆工作人员客观地存在着适应社会的滞后现象。因此，在调整图书馆与社会发展的关系，进行图书馆组织机构的重组与变革的同时，还应做出相应的人力资源调整，以维持社会和图书馆发展的动态平衡，同时，也应注意图书馆人力资源的专业结构平衡、年龄结构平衡及知识结构平衡。

要做到这一点，就要不断强化图书馆工作人员的继续教育和业务培训，注重图书馆人力资源的引进与流动。通过对在职人员的继续教育，提高工作人员的技能和水平，改善图书馆人力资源结构。此外，要通过对人员的引进改善和调整图书馆工作人员的能力结构，组成科学合理的团队，以团队的精神和力量推动图书馆事业的发展。这是现代社会发展对人力资源的要求，也是图书馆在发展中不断创新的力量源泉。

总之，图书馆人力资源管理应该建立在尊重知识、尊重人才的基础之上，充分发挥图书馆工作人员的聪明才智，调动其积极性。只有以人为本，强调人的主观能动性，合理组织图书馆的人力资源队伍，才能使图书馆事业兴旺发达。

（二）以需要和能力为标准

以需要和能力为标准是图书馆人力资源管理指导思想的具体运用。图书馆人力资源管理的主要内容是对各类专业人员的配备和使用。如何构建图书馆组织机构与工作人员之间的互动关系，实现图书馆其他资源与人力资源的最佳结合，是人力资源管理的关键问题。因此，在图书馆人力资源管理活动中应充分注意按照因事择人、因材器用的管理规律，不但要根据工作岗位的实际要求来选拔和使用各类专业人员，同时还应根据人们的能力和素质的差异去安排不同的工作。只有这样，才能够最大限度地激发图书馆工作人员的个人潜力和工作热情，并使之产生理想的工作效果。所以，以工作需要和工作能力作为图书馆专业人员使用的基本原则是进行人事制度管理和人员配备的基本要求，也是提高工作效率和避免人力资源浪费的有效措施。

（三）以思想和行为为中心

以思想和行为为中心是图书馆人力资源管理基本思想的具体体现。图书馆工作人员是图书馆的第一资源，他们是图书馆工作的生命与灵魂。由于图书馆工作人员是由具有精神和情感的血肉之躯构成的特定群体，有着自己的理想与追求，渴望实现自己的人生价值，因此在图书馆人力资源管理过程中，应采取柔性管理策略，认真观察图书馆工作人员的思想和行为的变化，注重维护图书馆工作人员的利益，强调对图书馆工作人员的人性化管理，激发他们的工作热情，为图书馆工作人员创造良好的工作环境，使之努力实现图书馆的既定目标。

第二节　图书馆馆员的职业能力

图书馆馆员是图书馆工作的承担者和实现者，是收集、整理、组织、传播信息以及管理图书馆的专业人员。其职责工作重点是管理、实施决策、指导技术人员开展工作。图书馆馆员制定策略，使图书馆和信息服务能够满足读者的需求；建立或完善信息采集系统，扩大信息收集渠道；组织信息资源，开发馆藏，引导读者充分利用藏书。

一、图书馆馆员的职业能力的本质

在激烈的市场经济中，职业能力的重要性是不言而喻的。"拥有较强职业能力的职业者有安全、有尊严，也有未来，拥有更多这类职业者的团队当然更容易获得优胜。所以，每个团队都应该努力使自己的队员拥有这种能力。"传统观念中图书馆一直被认为是象牙塔中的清静之地，图书馆馆员不是"皇亲国戚"就是老弱病残，认为只要把书放好就是尽职尽责，没有职业危机感。时至今日，这样的想法与观念已经不合时宜了。

数字时代图书馆馆员的职业能力，包括图书馆职业整体的结构和素质要求，以及个人的技能与素养，是图书馆人力资源管理的重要内容。数字时代图书馆馆员的结构与素质，与传统图书馆不同，这主要是由于数字时代图书馆的工作内容发生了重大变化。适应工作内容的变化，是图书馆馆员必须面对的现状。

二、图书馆馆员职业能力资格要求

随着现代科学技术，尤其是计算机技术和网络技术在图书馆的应用，使当今图书馆的工作内容和方式，乃至整个图书馆业态都在发生深刻的变革，图书馆不再停留在藏书阁的层面上，更多的是信息的提供者，图书馆馆员也不再只要求简单的手工操作，而且还要会利用信息技术从事知识的收集、加工、开发和使用，包含职业适应力和创造力的职业能力已成为新时期图书馆馆员必备的素质。

图书馆馆员的职业能力资格要求是指图书馆馆员须具备在信息资源、信息获取、信息技术、信息管理和研究等领域中的知识，并且有能力将其应用作为提供图书和信息服务的基础。主要包括：

（一）评价信息需求和设计

推广增值性信息服务和符合有关需要的信息产品。运用各种研究方法，如问卷调查、采访专家小组和关键信息提供者，进行常规需求评价。将评估结果汇报给管理者并指明信息需求与服务提供之间的关系。

（二）具有适用于社会或读者业务的专业学科知识

除图书馆和信息专业的学士、硕士以外，许多图书馆馆员还要具有专门学科的学士和硕士学位。图书馆馆员经常需要进修财会、管理或其他与其所服务的机构组织业务相关的课程，通过阅读核心期刊和其他重要信息资源，保持对该机构业务的了解，这能使深层的专业学科信息服务得以发展。

（三）为图书馆和信息服务用户提供最优的指导和支持

为员工讲授互联网课程。建立与最终用户当前业务目标相关的信息资源的专业化检索课程，注意及时更新培训和指导的技术方法，为从计算机终端得到信息服务的人员提供查询故障的服务以及联机咨询和帮助。

（四）发展和管理与社会的战略方向相一致的信息服务

根据社会发展的业务目标，制订一套战略性计划。建立有效的管理、监督和预算程序，组织精干的职业人员管理信息服务，为复杂而困难的检索需求提供中介检索；收集印刷或电子形式的文献，建立内部核心图书馆的藏书，需要经常分析与综合所收集的信息；发展数据库所用标引词的专业化分类词典和词表。

（五）采取适宜的业务和管理方法

向高级管理人员强调信息服务的重要性。为图书馆设计一套业务计划。计算对图书馆及其服务的投资回报。建立一套图书馆营销计划，进行基准制定研究。向管理者报告不断改进质量的努力情况。阐明图书和信息服务是如何使图书馆增值的，充当本图书馆质量管理包括 ISO 9000 认证方面信息源。

（六）精通各种信息资源的内容，有能力评价和筛选它们

评价印刷版、光盘版和网络版数据库。掌握专业领域中的"最佳"书籍、期刊和电子资源，能够为小型研究中心评价和精选关键的信息资源，包括印刷和电子资源。为专业机构建立桌面新闻电信服务，通过筛选与客户相关和客户需要的信息来控制信息量，运用战略性思维进行信息筛选、分析，以满足社会机构的特殊目的要求。

（七）采用适当的信息技术

获取、组织和传播信息。创建图书馆馆藏的联机目录。将目录检索与文献服务提供结合在一起，与信息管理小组共同合作，选择适宜的硬件和软件，使桌面能够链接到图书馆目录和其他数据库，向电子信息服务的用户提供支援服务，及时更新电子信息产品和信息提供方式。

（八）为本图书馆内外或个体读者开发所用的专业化信息产品

创建内部文件，诸如为某项计划所用的报告、技术手册或资源材料的数据库。创建可检索的全文文献文档，制定本图书馆内部的联机技术手册，为本图书馆在国际互联网上制作主页，将其主页与国际互联网上其他感兴趣的站点链接，参与本图书馆的创造、获取、交换、使用和交流"智力资本"的知识管理活动。

（九）成为一名能在高级管理小组中起到实际作用的成员

充当图书馆在信息方面的顾问。参与本图书馆战略计划拟订工作。参

与基准制定或再设计小组，向管理者传告版权问题并遵照版权法进行监督，与数据库销售商商讨各种合同，获取专利信息，为本图书馆制定信息政策。

（十）评价信息使用成果

进行与解决信息管理问题相关的研究。收集与需求评价、程序策划和评估相关的资料，建立对服务使用频率、读者满意度和信息对组织决策起作用的计测方法。积极寻找改进的机会，力争在关键服务中，如最新动态报道、咨询、资源共享方面做到最优，参与研究项目。

（十一）面对需求的变化，不断提高信息服务水平

跟踪产业的发展趋势，向图书馆的关键人物或个体读者传播信息；针对新的业务要求，重新调整信息服务，通过及时提供文献保障信息服务的最大灵活性。对图书馆各部门购买的信息产品进行监督，以确保其成本效用符合当前的业务需要。

三、图书馆馆员职业能力结构

（一）职能结构

数字时代图书馆馆员的职能结构，主要是根据不同人员在图书馆的职责和任务划分的，大致上可划分为行政管理人员、资源管理人员、技术支持人员和用户服务人员。

（二）知识结构

知识结构是指一个单位或团体中人员的文化程度、学识水平和专业特长的组合与搭配。图书馆馆员的知识结构应该是在学历层次和职称结构上的高级、中级、初级的有机结合与搭配。图书馆馆员应该既具有图书馆学专业的良好素质和其他专业及学科的坚实基础，又要具备待人热忱、助人为乐的优良品格和能适应半体力劳动的条件。图书馆既需要有本科、研究生等高层次的学科专家，也需要一定数量的中级、初级管理人员从事相对简单的基础性服务工作。这样，既有助于各项工作任务的开展，又可以避免造成不应有的人才浪费。

（三）专业结构

图书馆馆员职业的专业结构是指在一个图书馆内具有各种专门知识的专业人员的比例构成。图书馆工作需要多种相关学科的专业技术人员相互结合，协同作业。数字化时代图书馆馆员的人才专业结构应该是社会科学、自然科

学、工程技术、图书馆学、情报学等领域人才相对齐全，比例适当，密切合作，相互协调，形成最佳的人才专业群体结构，以便取得最佳的服务效果。

（四）技能结构

数字化时代图书馆要网罗不同技能的人才，以便协同工作，完成复杂的文献信息管理与服务任务。图书馆馆员的技能结构主要包括现代技术知识技能、外语技能、管理知识技能、公关及营销知识技能、国际化运作知识技能等。

（五）智能结构

智能是指人的认识能力和实践能力的总和。人才智能结构是指具有不同智能类型和不同智能水平的人在图书馆合理搭配的有机整体。人的智能由多种因素构成，包括自学能力、观察能力、研究能力、思维能力、表达能力、发现能力、再现能力、创造能力、组织管理能力、操作能力等。

图书馆主要应配备具有发现型智能的馆员、具有再现型智能的馆员、具有管理型智能的馆员、具有创造性智能的馆员等。具有发现型智能的馆员，他们精通外语，阅读、检索能力强，能及时发现、大量积累有用信息；具有再现型智能的馆员，他们对某种学科专业有所研究，思维敏捷，善于综合分析，辨别真伪，能从纷乱的信息中找出真正有价值的知识，可以用流畅的文字加工整理，形成可供用户利用的信息研究资料；具有管理型智能的馆员，他们有良好的组织才能，在人员配备、业务技能等方面具有较强的协调、组织能力，能保障图书馆为各方面用户提供迅速、准确、全面的文献信息；具有创造性智能的馆员，善于总结经验，把现象深化、上升到理论，创造性地应用于信息服务，能在图书馆事业与工作研究上进行理论概括和方法总结。

四、图书馆馆员的职业能力与实行职业资格证书制度

对于数字化时代的图书馆馆员来说，他们必须掌握的知识和技能包括图书馆学和情报学专业知识技能、现代技术知识技能、公关和营销知识技能、管理知识技能、国际化运作知识技能等，同时还必须有良好的职业道德和其他各方面的素质。这些是图书馆馆员所具有的有效完成工作所需的知识、理解力、技能和态度的总和。这种知识和技能统称为职业资格，也有人称为专业资格或任职资格。

（一）职业资格概述

职业资格，指从事某一职业的工作应具备的相应资格条件。它包括执业和资格。执业指从事某一行业的工作，其实质是一种行政许可；资格是执业的条件或是用以许可的手段。职业资格的核心是以资格作为判断是否许可执业的手段，是为保证只有具有资格并获得执业许可的人才能从事特定的职业并使这种保证有效的一套完整制度。也就是为使以资格为核心手段的执业许可有效发挥作用而建立的有关法律、法规、机构、行政程序等制度总体。职业资格制度是通过对人的控制来强化对事的管理。

（二）职业资格制度的特征

职业资格制度实质是对公民权利的一种限制。它在限制大多数人权利的基础上仅赋予部分人以特权。通过国家的强制力量对大多数人的权利实行限制的合法性在于这种限制是符合社会普遍利益的。职业资格与学术资格不同。学术资格是基于专业学科教育的学历和文凭的获得，它体现所受专业教育的程度。职业资格是政府对某些责任重大、社会通用性强、关系公众利益的专业实行的准入控制；是依法从事某一特定职业的专业学识、技术和能力的必备标准。职业资格与职称不同。职称是知识能力的综合反映，是对知识能力垂直比较，可划分不同等级，不同的行业间具有可比性。职业资格则是针对某一具体行业而言，是就个人知识能力与行业要求相比较，不存在等级划分，不同行业之间不具可比性。职业资格制度是国家行政管理权的一种表现形式，属于行政法中行政确认和行政许可的范畴。

（三）国家职业认证体系

"职业资格证书制度是国家对各行各业从业人员规定的职业准入标准。"职业资格证书制度是劳动就业制度的一项重要内容，也是一种特殊形式的国家考试制度。它是指按照国家制定的职业技能标准或任职资格条件，通过政府认定的考核鉴定机构，对劳动者的技能水平或职业资格进行客观公正、科学规范的评价和鉴定，对合格者授予相应的职业资格证书。

（四）我国图书馆馆员的职业能力与职业资格

虽然我国一直都在执行专业职称制度，但它并不是行业的"准入证"，所以从某种意义上讲，我国从事图书馆工作的人员可以不经任何培训，长此以往我们的馆员何来职业能力？实行职业资格证书制度的呼声已经持续了多年，外部条件和环境都已经比较成熟。

五、提高图书馆馆员职业能力的建议与思考

职业能力包括很多方面，如职业技能，直接体现出个体与职业环境的匹配程度；职业精神，或者称为专业主义，表现出个体与人们心目中理想员工或服务提供者的一致程度；职业敏感度，个体对职业环境的正确判断和认知，含有一定的预测性要求等。因此，图书馆馆员的职业能力集中表现为一个个体在职业环境中的品质。

要想让自己在职业环境中获得更大的自由和选择余地，就必须时刻注意保护和提升自己的职业能力，打造自己的职业核心能力，从而最大限度地降低能力恐惧和失业恐惧以及相应的风险。同时，在职业生涯的每一个阶段，都应该通过保护和提升职业能力，追求个人和其所从事的事业的最大发展。提升图书馆馆员的职业能力，可从以下几方面着手。

（一）专业教育启动高职教育，弱化本科生教育

强化研究生教育作为图书馆馆员的核心能力，加强专业知识和专业技能的教育是一个首要且长期的任务，除了通过设计更合理的理论课程，还要加强学生实习课程的安排，通过"走出去"使学生对图书馆知识和技能有更正确的把握，增强学生的职业适应能力。即以增强学生职业能力为导向，调整和改革图书馆学专业本科课程设置。

对学科名称、学科性质、培养目标以及保障措施等提出切实可行的多方面的建议；以科学性和实用性为原则，深化教学内容改革；以培养动手操作能力为目标，强化实践教学环节；以人文精神为取向，重视图书馆职业教育。由于高等教育主要是培养高层次图书馆人才，所以招收有其他学科背景的本科生进行图书馆专业的研究生教育，可以更好地培养复合型、实用型的人才，因此弱化本科教育，强化研究生教育成为发展的趋势。

（二）制定相关政策创造良好氛围，推动继续教育全面开展

继续教育主要针对在职的图书馆馆员，目前实行的专业职称制度在一定程度上使图书馆馆员有参与继续教育、提升自我的需求，但由于专业职称制度并非一个行业准入门槛，只是关系到收入高低，而且它的获得还很大程度上与工作年限有关，所以每天单调重复的日常工作往往把图书馆馆员的工作热情抹杀，把创造力磨平，最后处于一种职业的疲惫状态，失去了职业的

能力。所以一定要制定一些相关的政策，如每年必须接受继续教育学时，到达一定级别的馆员必须掌握两种以上专业知识等，促使馆员参加继续教育。图书馆也要创造良好的学习氛围，如通过奖励措施、脱产学习等方法创造条件让图书馆馆员接受继续教育。

（三）坚持图书馆馆员价值观的培养

世界观是人们行动的指南，如果图书馆馆员没有正确的价值观，他们将会缺乏敬业爱岗的热情，或者患上"职业高原"病症，最终失去职业创造力。在国外，大多数的图书馆馆员是因为喜欢为他人服务而从事图书馆职业，所以他们会保持高度的工作热情。图书馆职业是一种以服务为基本特征的职业，更要树立正确的职业价值观，才会产生从事图书馆工作的幸福感、荣誉感和责任感，做到爱岗敬业、尽忠职守，才会主动地更新知识、提升技能，并且将所学的知识和技能运用到实践工作中去。

六、图书馆馆员职能研究的意义

目前，图书馆馆员职业能力的研究已经成为图书情报界研究的热点话题之一，已经成为当前图书馆界亟待解决的问题，关系到图书馆事业能否适应社会发展要求的关键所在。实际上应从多种角度出发，进一步研究图书馆馆员职业能力提升的方法和途径，改变目前图书馆学毕业生就业难，以及在职馆员普遍存在的"职业高原"现象，这是一项非常迫切又有意义的研究。

第三节　图书馆馆员的选拔与聘用

图书馆馆员的选拔和聘用是图书馆人力资源开发和管理的一项基本任务和重要环节，它决定了图书馆人力资源的结构成分以及具有的能力水平。图书馆馆员甄选是指对从事图书馆工作的人员进行公开选拔和测试，其目的是挑选符合需要的图书馆工作人员，提高工作效率，降低图书馆馆员职业培训的成本。图书馆馆员聘用是指在甄选的基础上，对具有专业技术资格和技术能力的竞聘人员进行录用和聘任，其目的是对录用的工作人员明确岗位职责并授予一定的岗位权利，以充分发挥所聘人员的才能和作用，它是图书馆人力资源管理的主要过程。

一、图书馆馆员甄选任用的原则

（一）用人不疑原则

它又称为信任原则。对既被任用的人才，要放手使用他们，发挥其主动性、积极性和创造性，支持员工取得各项工作成绩。一个人如果得不到管理者的信任，处处受到猜疑，他就不会全身心地投入工作中去，智慧和才能就不会充分发挥。只有充分信任，放手支持选拔和录用的工作人员大胆工作，才能使之充分发挥其聪明才智，为图书馆创造更大的成就和效益。

（二）公开、公平、公正的原则

图书馆要获得高质量的图书馆馆员，提高自己的管理水平，就应在甄选和任用未来馆员的过程中坚持公开、公平、公正原则。图书馆应打破传统的自我封闭的形象，把图书馆所需的工作岗位和人员数量以及任职资格、录用时间向社会和图书馆组织内部公布，鼓励社会成员和图书馆职工参加竞选和竞聘。要做到机会均等、一视同仁，坚持任人唯贤，并通过相关的制度来确保选拔和聘用人员的质量。为此，图书馆应为选拔优秀人才创造良好的政策环境和工作环境，以保证图书馆运用科学的方法吸收和录用最合适的工作人员。

（三）注重潜力的原则

要注重竞聘人员的潜在发展能力。有些人在担任现职时表现出色，但当被选拔到高一级职位时，就不能胜任工作的需要。因此，在对应聘人员进行考核时，应注重对其工作能力、知识范围、思想品德以及交往能力进行全面考核和评定，同时还应注意其团队精神和协作精神的评定。要正确评价竞聘人的发展潜力，根据其处理复杂问题的能力和是否具备高层次人才所需的基本素质进行甄选和聘用。只有这样，图书馆组织才能够避免"提拔过头"的现象，避免造成人力资源的误用和浪费。

（四）用人之长的原则

知人善任、扬长避短，是图书馆馆员选聘过程中应该注意的重要原则。应该采取客观、辩证的态度，将待用人员的长处和短处、本质与非本质等方面反复仔细地掂量，区别对待。人无完人，倘若只看到其短处，看不到长处，就会陷入无人可选的困难境地。在甄选员工的过程中，关键在于如何根据岗位要求，发挥工作人员的长处。对于待用人员来讲，若能在一个最适合其个性特点的工作岗位上发挥其长处，就能各得其所，人尽其才；对于图书馆组织而言，也是得到最合适人才的合理途径。

（五）条件适当的原则

在选聘过程中，选聘的条件可能很多，候选人过五关斩六将才能够得到想要的岗位。但是，这些条件的设置不能太过脱离组织实际，过于苛刻，必须根据图书馆组织的目标以及这一目标对人员配置职能的要求等方面来设置，应对待聘职位的性质进行工作分析，并根据这一职位对人员提出的要求来选拔人才，这样才不至于浪费大量的时间、精力和费用，同时又能够得到图书馆所需要的各类人才。

二、图书馆馆员甄选聘用的途径

图书馆进行人员选拔与聘用通常有两种途径：一种是对图书馆内部的员工进行选拔，另一种就是对社会成员进行公开招聘。

（一）外部招聘

外部招聘是指从图书馆以外的途径来获得人才。外部招聘的渠道很多，例如广告、职业中介、学校、图书馆馆员的推荐等。要使外部招聘得以有效地实施，就必须将图书馆空缺岗位的相关情况事先告知应聘者，例如岗位的性质和要求、工作环境的现状和前景、报酬以及福利待遇等。图书馆外部招聘的优缺点恰好与内部选拔互补。

对外招聘的主要优点是：有较广泛的人才来源可以满足图书馆的需求，并有可能招聘到一流的人才；可避免"近亲繁殖"，为图书馆带来新鲜空气，新的思想和方法可以为图书馆补充新鲜血液；由于大部分应征者都具有一定的理论知识和实践经验，因而可以节省在培训方面所花费的大量时间和费用。

（二）内部选拔

在图书馆内部选拔人才有以下几个优点：由于对图书馆内人员比较了解，可以通过充分和可靠的人事管理资料进行分析与比较；被提升的组织内部成员对图书馆组织运行的状况以及现存的问题比较了解，能够比较快地适应岗位要求；通过对图书馆内部成员的选拔，可以使广大员工看到工作的希望和前途，增强自信心，鼓舞士气，并使其保持良好的工作热情；可以使图书馆快速获得员工对图书馆业务培训的回报。

内部选拔是指从馆内已有的人员中进行选拔提升，一般要求在组织中建立起详尽的人员工作表现的调查登记材料，以此为基础建立数据库，以便在职位出现空缺时，能够据此进行分析研究，从而从中选出符合要求的人员。

但从内部选拔人才也有可能产生一些弊端：容易造成"近亲繁殖"的后果。由于组织成员已经形成了长期的思维定式，难以产生新的观念和行为，因而此举不利于图书馆组织的发展与创新；如果图书馆工作岗位所需人员的缺口比较大，而又一味坚持从图书馆内部选拔人才，就有可能导致不适合图书馆岗位要求的工作人员上岗，这样不仅使图书馆失去了获得一流专业人才的机会，也会对图书馆组织的发展形成阻力。

总而言之，无论是内部选拔还是外部招聘，都各有长处和不足，都不是十全十美的甄选聘用的方法。但在实际工作中可以遵循一些一般的规律。例如，当图书馆内有适合该空缺岗位要求的人选时，应首先从内部进行选拔；当空缺的岗位是图书馆内的关键职位，而图书馆内部又无人可胜任时，就应该从外部招聘。这两种方法应该结合使用，从外部招聘进来的人员应该从基本工作做起，然后根据其表现进行适当的提升。

三、图书馆馆员甄选聘用的程序与方法

图书馆馆员甄选与聘用的流程可根据图书馆的规模和性质以及岗位的要求进行设计。首先应从岗位的需要出发进行工作分析。确定某项专业工作所需人才的业务水平的目的是确认甄选的标准，是识别最佳人选的前提。例如，选择担任文献采选人员、编目人员、咨询课题主持人与计算机管理系统设计人员时，对他们的要求是有区别的。外语水平与知识广度是外文采选工作的基本要求，编目人员必须有系统的图书情报专业知识，而专题咨询与计算机管理系统设计人员则需要较深厚的专业理论基础。同时，也要考察工作对候选人的个性特长的要求等，然后针对这些要求设计甄选的方式，如问卷调查还是进行面试等。通过对候选人的甄选，决定其是否被录用，以及被任用至何种岗位。设计甄选与聘用活动的程序时应考虑到实施过程中相关因素的影响，例如时间、费用、甄选的难易程度以及实际意义等。

图书馆馆员甄选聘用的方法主要有笔试和面试。

其中笔试可以通过各种测验来对以下内容进行考察分析：

智力测验。目的是衡量候选人的记忆力、观察力等。主要是考察候选人在继续学习上的能力，同时也对候选人有了基本的了解。

领导能力测验。目的是衡量候选人在领导能力方面的表现，以及在这方面的潜能。若待聘职位是关键的领导岗位或者是该类岗位的储备人员，就特别应该强调候选人在这方面的能力。

性格测验。目的是衡量候选人在性格上的特征。在图书馆的参考咨询中，十分强调与读者的沟通交流能力，若候选人在个性上不够耐心、沟通上欠缺技巧，就不符合该岗位的要求。

面试则是一种要求候选人口头回答主试提问，以便了解候选人的素质和潜能的甄选方法。面谈的优点是直接简便，可以快速淘汰那些明显不合格的候选人，但同时这种方式也很容易受到候选人表象的影响。

专业测验。目的是测验候选人所具有的专业技能，以及进一步掌握技能的潜力和能力。例如对参考咨询人员的测验，就应该考察其在咨询工具的操作方面的能力，以及对信息的检索分析处理方面的能力等。

由于很多图书馆没有实施现代人力资源管理制度，招聘选用人才时没有采取科学的方法，面试往往只是走过场，所以负责甄选人才的人员不能从中得到有价值的所需要的候选人的相关资料。图书馆在采取面试这种方式甄选人才时，必须警惕形式主义。

面试的重点，一是了解候选人的工作能力，可以通过询问其以往的工作经历、经验判断其是否适合该岗位要求；二是了解候选人的性格特点，观察其应变能力等因素；三是了解候选人的求职动机，如有的人将大城市的图书馆当作职业上的跳板，工作态度不端正，应该在面试时充分了解考察，早作判断。

总之，图书馆馆员甄选任用的方式并不是孤立的，而是根据实际需要灵活选用的。在实际工作中，若是从内部选拔人才，对其个人情况都比较了解，可以根据岗位的要求重点考察某一两个方面的能力，而对于从外部招聘的人才，则需采用多种方式进行全方位的考察。

第四节　图书馆馆员的考核与激励

随着现代管理学的不断深入发展，对人力资源的考核已不再局限于工作效果的评估，而强调把图书馆组织的目标融入日常工作中，建立整个图书馆组织管理的考核与激励体系，同时也逐渐把考核重点放在对图书馆工作过程的全程监督、指导与调节上。因此，有的学者把这种考核与激励体系称为绩效管理。

一、图书馆馆员的考核

（一）图书馆馆员考核的作用

科学的人力资源考核系统具有以下作用：

考核为人员培训提供了理论依据。人员培训是人力资源开发和管理的关键环节。随着现代信息技术的介入，图书馆的服务功能得到了增强，与之相适应，对工作人员的素质也就提出了更高的要求，人员的培训也逐渐成为图书馆发展的核心所在，而要确定人员的培养方向，就必须通过对员工的考核来获得。

考核是措施激励的前提。通过科学合理的人员考核，图书馆工作人员可以看到自己的工作成绩，同时也可以看到自己的缺点和不足，明确努力方向。它有助于馆员之间开展公平竞争，充分调动每个人的主观能动性，不断提高个人素质和业务能力，形成积极向上的良好的工作作风。

考核是员工聘用的依据。图书馆馆员的聘用标准应该是德才兼备，很大程度上应遵循考核得出的结论，不应该受其他外部因素的影响。

考核是合理配置人力资源的基础。只有通过全面的考核，才能合理地判定每位员工是否具有图书馆业务工作的素质和能力，或者及时觉察员工素质和能力的变化，并及时予以调整。只有这样才能够合理地配置人力资源，以保证图书馆的高效运行。

另外值得注意的是，在实际考核过程中应力求避免以下三种偏差。

评分中心化倾向：即评分的结果是大部分人均集中于"中等"这一现象。这是因为考核人对下属不太了解，当对考核项目不能果断进行好坏判断时，为求安全而判定的结果。如果不能对各被考核者的能力进行合理公正的评定，那么对员工的考核就失去了实际的指导意义。

评分宽大倾向：即对自己的部下因爱护心切，在考核评分时往往高于实际的评分。为防止这种现象产生，各考核人员应当尽量遵守评分规则，实事求是地给予评分。

眩惑影响：即被考核人在某一内容的考核上表现突出（无论其好坏），

则在其他项目的评分中往往受其特点影响而表现出得分较高或偏低的现象。因此为了使考核公平合理，各考核人应尽可能避免这种现象的出现。

（二）图书馆馆员考核的内容

图书馆因岗位性质不尽相同，因此不能制定统一的考核标准，应根据岗位职责及岗位实际工作内容，制定出相应的考核标准，考核内容也应根据岗位要求而定。

关于图书馆馆员的考核内容，应分为政治素质考核和业务水平考核两大方面。政治素质考核应从政治思想表现和职业道德两方面进行；而业务水平的考核内容应包括以下几方面。

一是独立工作能力的考核。指图书馆各岗位工作人员应根据图书馆对其岗位工作的具体要求，运用自己掌握的专业知识，独立解决工作中出现的问题，高效准确地完成任务。

二是工作量、工作质量、差错率的考核。

三是知识更新情况的考核。由于信息化、网络化的快速发展，新的工作要求对图书馆工作人员进行计算机操作技术、外语水平及信息组织能力的考核。

四是科研成果的考核。高水平的科研能力与优质的服务质量是相辅相成的，具体考核内容为图书馆工作人员一年中在各级各类刊物发表文章的情况及完成科研课题情况。

在实践中，也有一些图书馆对考核方式进行了一定的改革。其中考核项目包括综合素质、完成工作任务情况、完成创新工作情况以及对本职工作的意见和建议四项。其中综合素质由政治思想、职业素质、工作态度等构成。

根据现代人力资源管理理论，图书馆考核领导小组应在对各部门进行考察的前提下，对图书馆馆员进行以下几个方面的考核。

1. 能力

能力是指图书馆馆员在履行职责的过程中表现出的一种综合素质。它是图书馆馆员完成工作任务的有效保证。图书馆馆员的能力指标主要包括基础能力、业务能力和素质能力三项内容。其中基础能力包括基础知识和技能技巧等。关于图书馆馆员应有的知识技能，很多专家学者都有自己的见解。这方面的能力可以从深度和广度两方面去考核，总结归纳起来，包括有系统的图书情报学知识、信息技术、其他学科背景、外语水平等。

业务能力包括图书馆工作的判断能力、沟通能力和指导能力等。网络环境的不断发展变化，要求图书馆馆员应具备相当的判断力，以保证能够理解读者的需求，并具有彻底解决某些细节问题的能力；与读者和同事之间的沟通能力也在很大程度上影响其工作表现；而作为一名能够提供给读者所需信息的知识导航员，具备较强的指导能力也是必然的要求。素质能力包括智力素质、体力素质和性格修养等方面。对于这个方面的考核可以赋予其"能力开发"的内涵，纳入评估考核体系中。

2. 态度

态度包括图书馆馆员在工作中的积极性、协调性和责任感的规律性表现。积极性是指图书馆馆员主动参与图书馆的管理活动并积极提出合理化建议，即使面对困难的工作，也勇于承担积极完成；协调性指在工作中与同事间的关系，要求图书馆馆员具有较强的合作精神和团队精神；责任感要求不回避责任，不转嫁他人。对这个项目内容的评定，宜采取定性评价的方式进行分析，一般采取主观性评价的方法。

3. 业绩

业绩是指对图书馆馆员工作成绩的评定。它既是对图书馆馆员行为结果的评价认定，也是考核图书馆馆员对本单位的贡献和价值。工作业绩的考核可以从工作质量和工作数量两方面进行评定。具体指标可根据各个工作岗位的性质来确定。

（三）考核的程序及方法

1. 量化考核

为使考核全面、公正、高效，图书馆馆员的量化考核部分可制订一份考核表，对各个可以量化的指标进行认真的分解，并按优劣程度进行分级，然后根据个人的表现来进行打分考评。

2. 定性评议

为了使考核更科学、全面，在进行量化考核的同时，不应忽视全体馆员和广大读者的评议性意见。应对每一位馆员进行定性评议，主要针对的是考核内容中不宜进行定量考核的要素进行群众评议或组织评议。应强调的是，为读者服务是图书馆的基本职能，因此图书馆在考核过程中，对直接与读者接触的部门应考虑进行读者测评一项，以提高图书馆的服务水平。

3. 确定考核结果

考核小组成员将考核人员量化考核、定性评议的得分综合，即得到被考核人员的最后得分，并将考核结果公布于众。

二、图书馆馆员的激励

从心理学的角度来讲，激励是指激发人的行为动机的心理过程。通过激励，在某种外部刺激的作用下，使人获得某种内部的推动力，让人始终处在进取、愉悦的状态中。激励机制是人力资源管理中非常重要的组成部分。其主要含义是指为了提高员工的积极性而采取的工作手段。图书馆要大力激发广大馆员的工作热情，调动馆员的主观能动性，提高服务水平，必须引进和实行激励机制。

《世界上最科学的管理原则》一书的作者米歇尔·立波夫（Michel Lipov）认为：如何回报员工，员工就如何工作。图书馆馆员在为读者组织信息资源、提供信息服务和情报咨询的工作中付出了自己的努力和劳动，自然希望自己的工作成绩能得到认可。如果图书馆管理者要增强图书馆馆员的积极性，提高他们的工作效率，必须让员工知道自己的业绩将获得何种回报。

作为图书馆的管理者要及时了解和掌握馆员的需求与动机，有针对性地采用激励机制和方式，实事求是地进行激励，并通过各种措施充分肯定图书馆馆员的个人价值和取得的工作业绩，激发全体馆员的工作热情，调动其内在的自觉意识，挖掘他们的潜力，确保馆员的行为与图书馆的发展目标保持一致。

（一）激励图书馆馆员的基本原则

1. 公平性原则

在任何单位或组织内部，人与人之间首先要相互理解、相互尊重，并在此基础上形成平等和公正的环境。图书馆管理者不能以长官意志、个人好恶和主观偏见评判馆员的工作表现和成败得失。坚持公平的原则，可以确保每个馆员的心理得以平衡，使其最大限度地发挥自身的主动性、积极性和创造性。

2. 兼顾性原则

兼顾性原则是指在图书馆人力资源开发与管理中要做到两个结合。一是物质激励和精神激励相结合，物质激励以精神激励为导向，而精神激励以物质激励为依托；二是奖励和惩罚相结合，奖惩在人力资源开发中十分重要，但惩罚的负效应要求以奖励为主，以惩罚为辅，做到奖罚有度、奖罚分明。

3. 需求性原则

心理学认为，人时刻都处在一种不满足的状态：由不满足而引发的心理压力和紧迫感、责任感又产生了满足新的需要的强大动力，而新的需要一旦得到满足，便会追求更新的需求。如此呈现出循环往复、不断发展、螺旋式上升的趋势。实施激励措施、开发图书馆人力资源，要遵循发展的原则，使馆员在工作中时刻有动力和压力、有责任感和荣辱感，在发展中不断满足心理需求，强化奋发向上的力量。

（二）激励图书馆馆员的途径和方法

图书馆可适当采用人性激励法，重视以人为本的管理方法，知人善任，并根据业务工作和质量要求及每个馆员的专长、能力安排适宜的岗位；采用目标激励法，确立适当的目标，诱发人的动机，达到调动人的积极性的目的；采用参与激励法，通过各种途径鼓励馆员参与管理与决策；采用知识激励法，图书馆要时常向馆员宣传本行业和相关行业的发展趋势及最新的应用技术，鼓励馆员自学成才和参加各种继续教育活动。

还有学者将图书馆馆员的激励分为成就激励、能力激励、环境激励和物质激励四大类。认为成就激励可以分为组织激励、榜样激励、荣誉激励、绩效激励、目标激励和理想激励六个方面；而图书馆可以通过培训激励和工作内容激励来实现能力激励；公平合理、关系和谐的人文环境以及良好的规章制度与和谐的人际关系则是环境激励的内容；物质激励是改善图书馆馆员生活环境和生活质量的基础。

并在此基础上提出了建立图书馆的人力资源开发激励机制模式，主张以人为本的人才配置激励，始终坚持以馆员为中心；强化技能的人才培养激励，对馆员的培养是图书馆智能资本中最重要的部分；按绩付酬的物质利益激励，一个科学有效的激励机制一定是以物质利益为基本导向的机制；和谐向上的精神文化激励，努力营造一个开放、向上、和谐的图书馆文化，是创建图书馆激励机制的重要环节；责任到人的目标价值激励，把一定时期内每个馆员应当完成的任务转化为明确的个人目标，激发每个馆员按照既定目标积极主动地工作；树立典型的先进榜样激励，保持先进和追求先进，都是馆员内在动力的体现。所有关于图书馆馆员激励的研究都为图书馆人力资源管理提供了可参考的理论依据。

对图书馆馆员的激励，首先应尊重图书馆馆员，尊重并满足图书馆馆员自身发展的需要。这是人性化管理理念的具体体现，也是提高管理质量的客观要求。恰当的物质利益激励，个性化的工作设计以及给予馆员更大的个人发展空间是激励图书馆馆员发挥更高的工作效率和水平的有效途径。具体来说，激励图书馆馆员的主要措施有以下几种。

1. 给予图书馆馆员个人更大的发展空间

通常个人在选择一份职业时，相比物质利益来讲，更为关心的是组织能够提供给个人的发展空间有多大，前景是否值得期许。图书馆馆员在工作中，自然非常希望了解其所属环境发生的一切事情，并能够在工作中得到不断提高知识技能的机会，以满足自身安全与自尊的需要。为此，可采用以下做法：

为优秀馆员提供继续学习深造的机会。根据心理学家马斯洛（Maslow）的需求层次理论，作为个体的员工除了希望有一个好的工作环境和优厚的工作待遇，更需要不断提高自己的工作能力和综合素质，在工作中不断进步并获得足够的成就感。通过继续教育，可以提高馆员实现目标的能力，实现图书馆馆员个人价值的再生，为承担更大的责任、更富挑战性的工作以及提升到更重要的岗位创造条件，同时也加强了他们对图书馆的忠诚度，从而提升了图书馆的整体素质。这种激励方法使图书馆在以后的可持续发展中充满生机和活力。

为馆员提供参与管理的机会。馆员能够借此激励制度参与图书馆内的各级管理决策，以发挥其潜能，增进心理上的满足感，同时也能从中发掘、培养往更高职位发展的能力，提高工作效率。馆员参与管理有多种灵活方式，例如可以定期举行会议，设立包括馆员代表的咨询机构和顾问委员会，还可以举行座谈会，甚至可以建立合理建议制度等。

在实践中，还有多种切实有效的激励方式，但无论如何，真正有效的激励方法必须是富有情感、充满活力以及生动新鲜的。

2. 尊重并满足个人的需要

马斯洛需求层次理论为这一做法提供了很好的理论基础。从激励角度看，人的任何行为都客观地存在着驱使人们开展行为活动的种种需要。因此管理者要高度重视对图书馆馆员个人发展环境的分析。个人发展环境的动力包括机遇和风险两方面，前者包括加薪、提拔、培训机会、更有挑战性的工作机会等；后者则包括失业、接受不公正的管理、了无生趣的工作以及紧张的人际关系等。只有了解图书馆员工的真实环境与思想，才能有目的地采取有效行动调动员工积极性，激励员工朝着组织和个人共同需要的目标前进。

尊重并满足个人需要的具体做法是：

建立便于各方面交流的畅通渠道。这样的一个渠道对于图书馆来讲是十分重要的，如果这个渠道在某一环节出现堵塞或信息变异，将使管理者无法了解员工的真正需求，员工的诉求也无人重视，导致工作环境中出现恶性循环。

切实了解图书馆馆员的个人需要，从其动机中发现激励点。工作动机因人而异，能够有效刺激个人的激励点也就不同。要针对其特点选择恰当的激励方式，给予他们得到机遇、规避风险的保证和信心。

善于肯定图书馆馆员的个人价值和所取得的成绩。鲍勃·尼尔森（Bob Nelson）在《1001种奖励员工的办法》一书中指出，在员工们的奖励中，排在第一位的是顶头上司的口头赞赏或表扬，第二位是上司的书面表扬或赞赏。这种管理层的理解和赞赏是对员工工作业绩和个人价值最直截了当的肯定。在这种肯定的氛围中工作的员工会有遇到"伯乐"的感觉，也就没有道理不更好地调动自己的潜能去做好工作。

3. 个性化的工作设计

根据个人的能力为馆员提供更具挑战性的目标，使馆员将压力变为动力，最大限度地挖掘其内在潜力。这种做法可以激发馆员的斗志，激励他们更出色地完成工作，使工作成为一种乐趣。例如增加一些与现任工作相关联的新任务，增派一些原来由经验丰富的老员工、专业人士甚至是管理层做的工作，还可以设定绩效目标，让员工用适合自己的方式去实现它们。

工作设计是近年来受到普遍关注的一种激励方法，是指根据赫茨伯格理论，在工作中添加一些可以使员工有机会获得成就感的激励因子，赋予员工更多的自主权和控制权，使他们能不断地挑战自我，用适合自己的方式去实现目标。所有这些都需要管理层懂得如何"下放权力"，同时也要求管理层对最终的结果负责。在图书馆中，往往会听到馆员抱怨说工作重复枯燥，缺乏挑战性，这样通过个性化的工作设计来解决这一问题就比较具有针对性。以下的一些做法值得注意：

为员工出色完成任务提供良好的工作环境。包括提供必要的信息、装配先进的工具设备，并建立符合本馆目标和特色的组织文化，使组织内部洋溢着社区般的友好气氛等。

需要指出的是，把工作设计得更有激励性，目的不在于花同样的钱让馆员做更多的工作，而是为了让更有价值的馆员发挥出更大的潜力，而其自身也会因此而获得更多的报酬，对自己的能力也有进一步的认识。

4.恰当的物质利益激励

根据马斯洛需求层次理论和物质决定精神的原理，物质利益激励是个体精神激励和协调发展激励的基础，只有当前者产生一定效果后，后者才能奏效。物质激励的内容包括工资奖金和各种福利。它是一种最基本的激励手段，因为获得更多的物质利益是普通馆员的共同愿望，它决定着馆员基本需要的满足程度。但必须注意的是，物质激励是一种极具风险的选择，它并不能够激发人们长期处于最佳工作状态，往往花钱不少，但员工的绩效却并无起色。

正如心理学家所说，"金钱顶多是一种短期动力"，时间一长，"这是应得的权利"的想法就会取而代之，其推动作用会很快消失。而且物质激励的操作性也十分复杂，因为要想达到预期效果必须依赖多种因素，而每个人对物质的态度以及为此所愿付出的代价是大相径庭的。

进行恰当的物质利益激励通常可以采取以下做法。

保持固定工资在同行业中的领先地位。从这个角度折射出来的是本组织在同行业中具有某种优势。员工将会从这种领先的工资水平中得到心理暗示：该馆是优秀的，与个人自身的价值是相当的，在该馆工作是值得骄傲的。物质利益不仅是图书馆馆员生存和发展的物质保障，还是评判其社会地位的价值尺度。

建立完善的考核奖惩制度，以图书馆馆员的考核成绩为标准来发放奖金，避免平均分配，保证员工的薪酬根据其价值具有竞争性。开发图书馆人力资源，同样要遵循市场经济规律，打破吃大锅饭的局面，激发被束缚的员工的潜在能力，本着公平的原则建立并完善付酬机制。图书馆必须采用灵活的工资福利制度，既体现馆员的资本价值，又有利于增进图书馆的绩效。

第五节　图书馆人力资源的开发

人力资源开发的本义是指对人的才能进行开发，在现代管理学中人力资源开发就是把人的智慧、知识、经验、技能、创造性、积极性当作一种资源加以发掘、培养、发展和利用，以提高人的才能和增强人的活力。图书馆人力资源开发就是通过对图书馆馆员进行有计划的人力资本投资，采取教育、培训等有效形式，充分挖掘图书馆馆员的智慧、知识、经验、技能和创造性，积极调动图书馆馆员的工作积极性和潜在发展能力的过程，目的在于促进图书馆馆员的个人发展，提高图书馆馆员的才能和增强其活力，以保证图书馆各项目标的实现。

一、图书馆人力资源开发的现状

目前我国图书馆的人力资源开发存在许多问题，还没有建立起规范、合理的相关制度，图书馆馆员的潜能释放受到很多因素的制约和影响。其主要表现在以下几个方面。

首先，人本管理思想的缺失制约了图书馆馆员潜能的开发。近年来很多图书馆学专家都强调以人为本的管理方法，但在实践中往往得不到贯彻执行。强调管理监督功能的图书馆管理方法，暗示了对员工的不信任，在某种程度上挫伤了图书馆馆员的积极性。同时，管理层还认为员工工作的最终目的是经济利益，他们一旦获得学习的机会，优先考虑个人目的。从这个角度出发而形成的图书馆文化，显然是不利于员工的个人发展的，其潜能也得不到重视。

其次，传统图书馆管理理念导致图书馆馆员的潜能低层次释放。图书馆的传统服务形式是一种消极等待的被动服务，而图书馆馆员也只是作为文献资料的保管员和传递员来开展工作。在图书馆的管理活动中忽视了图书馆馆员的个性特长，忽视个人所具有的潜能，把图书馆馆员的潜能定位在低度释放的范围内，这种低要求、浅层次的能量转换，非但不能创造出图书馆服务工作的高绩效，反而制约了馆员正常能力的有效发挥，更谈不上潜能的最大释放了。

最后，封闭式的管理机制束缚了馆员的潜能释放。我国大多数图书馆的现行管理体制仍是在计划经济体制下产生和发展起来的，具有强烈的自我封闭性。人们没有从社会与发展的角度去清醒地认识图书馆组织的社会地位和作用，而且在图书馆工作部门的设置上按照线性作业流程和工作环节进行架构，实现部门的管理职能。

这种线性发展的组织结构造成了对外与社会需求严重脱节，对内只突出了行政管理上的领导与被领导关系，而没有形成业务上的指导与被指导的关系，束缚了图书馆馆员的个人发展，同时也制约了图书馆的可持续发展。由于缺乏互相沟通和联系，无法实现工作任务的互换，从而使图书馆馆员长期从事简单重复的工作，缺乏挑战性和危机感，处于缺少竞争力的消极被动状态之中。

为了改变这种落后的人力资源管理面貌，就需要加大改革力度，开发图书馆人力资源，提高图书馆管理效率，激发图书馆工作人员的才能和活力，使其不断焕发出工作激情。

二、图书馆人力资源开发的意义

第一，人力资源开发可以提高图书馆工作人员的素质，改善图书馆服务的质量，提高图书馆工作的效率和社会效益。

第二，人力资源开发是图书馆适应社会进步和技术发展的重要措施。社会的进步是推动图书馆事业发展的强大动力，而技术的进步又是图书馆增强生命力和长远发展的重要手段。图书馆馆员必须不断更新知识和技能。知识要通过学习和实践来获得，技能要通过在实践中勤学苦练来形成。因此，对图书馆人力资源的智力开发和职业技术开发、人力资源管理政策的开发以及使用性开发都成为图书馆人力资源管理和开发的主要内容，成为系统化的管理工程。

第三，人力资源开发还是促进馆员发挥潜能的有效途径。通过培训等有效的继续教育方式，使图书馆馆员的个性和特长得到进一步的发挥，真正落实以人为本的管理思想，馆员的个人发展得到管理层的理解和重视，使他们感受到来自工作中的自我实现成就感，就能够极大地改善图书馆的工作氛围，从而使图书馆和馆员自身实现"双赢"。

第四，人力资源开发是图书馆获得竞争力的关键。社会上出现了越来越多的提供与图书馆业务类似服务的机构，同时网络的迅速发展普及，使图书馆不再是人们获得所需信息的唯一途径。要保持并提高自身的地位，图书馆就必须重视开发人力资源，只有如此才能获得长期发展的竞争力。

三、图书馆人力资源开发的内容和方式

有学者认为，图书馆人力资源开发的内容应包括能力的开发和精神的开发。能力开发，指体能与智力的开发。精神开发，指人力资源的政治观念、职业道德、敬业精神、合作意识等属于组织文化内涵方面的开发。具体包括：

启发调动人力资源已有的体能和智能；

在原有能力的基础上，进一步培养、训练和提高人力资源的能力，特别是智能；

营造图书馆的组织文化，提高图书馆馆员的思想素质水平，培养图书馆馆员应有的价值观、敬业精神；

采取各种措施充分调动图书馆馆员的工作积极性、自觉性和创造性，改进工作绩效；

合理配置、使用图书馆的人力资源，根据个人的才能特点，将之置于恰当的岗位，做到"人尽其才"。

根据人力资源的特点以及现代人力资源开发理论，我们可以把开发活动划分为三个层次。

（一）使用性开发

实际上，使用性开发是对图书馆馆员激励的一种手段。其内容主要是量才为用、职务晋升。图书馆人力资源使用性开发的关键是用人。我们主张在充分考察图书馆馆员个人的专业、学历、特长、技能、发展方向和个性的基础上，为其提供更具挑战性的工作任务。

图书馆馆员如果长期在同一个岗位工作，容易满足现状而产生惰性，甚至对工作产生心理疲劳。通过岗位轮换，使员工有更多的机会了解、熟悉并从事图书馆内一系列相关工作，扩大视野；同时也能使员工对工作产生新鲜感，增强学习新知识和掌握新技能的兴趣，有利于更新知识结构和培养一

专多能的复合型人才，促进图书馆事业的不断发展。但一些图书馆考虑到岗位轮换将要付出的培训费用，往往忽视馆员渴望新的工作任务和新的挑战的心理，不鼓励提倡馆员在馆内的工作岗位轮换，导致了工作效率低下的后果。作为图书馆的管理层，应该避免这种"短视病"。

图书馆馆员在工作实践过程中，将不断学习新的技能、积累新的经验、获取新的管理方法，这实际上也是对自身能力的一种挖掘与开发。图书馆在提出这样的工作设计时，不仅使本馆的人力资源得到充分利用，同时也使馆员得到了个人的发展。此外，增加员工岗位轮换也不失为一种有效开发方式。

（二）政策性开发

对于图书馆人力资源的政策性开发，管理者要做的是制定一套尊重馆员个人发展需要的规章制度，保障馆员的科学培训和合理使用，国内一些具备领先意识的图书馆就制定了这方面的规章制度。

人力资源政策性开发是指通过制定符合人才成长规律和人力资源管理原理的一系列调整政策，来变革管理体制，充分运用激励机制等手段，促进人才的不断涌现。

（三）培养性开发

图书馆人力资源培养性开发主要是指以教育培训的方式来进行开发，包括馆员知识的更新、技能的扩展、素质的提高。在新的网络环境和社会环境下，图书馆馆员应成为咨询专家、知识导航员，这是图书馆馆员专业性的体现。根据这种社会需求，应通过对图书馆馆员的继续教育与培训提高其工作技能和自身素质。工作能力培训主要是提高解决实际问题的能力，如怎样正确处理工作中的人际关系、如何设立有效的激励机制、如何分配图书馆中的各种资源等。图书馆人力资源开发的培训应该实现制度化、规范化，对其内容也应有相对权威的规范。图书馆馆员不仅要加强图书馆学、情报学专业知识的培训，还要重视其他相关知识和技能的学习。一专多能的人才是图书馆持续发展的保证。图书馆馆员应进行的知识技能培训包括基本技能培训和工作能力培训。基本技能培训主要指为了满足信息时代用户的信息需求，掌握有关的计算机基本操作、网络基础知识、数据库管理、信息收集与处理、专业外语等方面的内容。

四、图书馆组织文化创建

现代社会的发展是复杂多变的，而图书馆要在这样的一种环境下实现对本馆人力资源的充分开发，途径是多种多样的，所需实现的目标可能也是宽泛的。但是，为了应对层出不穷的突发事件，图书馆应有一个约束组织内全体成员行为的价值体系。这个体系是处于图书馆管理制度以外的，由这一体系所体现出来的就是组织文化，它能够使图书馆馆员在图书馆组织文化的影响下，朝着整体目标自觉地调整和改变其行为。图书馆需要创建符合自身目标价值的组织文化。

由于图书馆组织文化具备导向、凝聚和约束等功能，其主要目的是达成组织的效能。因此，在构建图书馆组织文化时，应该注意弘扬传统图书馆文化中的精髓，如奉献精神、推崇智慧等，也要切实培育"以人为本"的文化，不仅应对读者发扬人文关怀的精神，对馆员也要关心爱护。同时，值得注意的是，倡导学习精神和创新精神更是在网络环境下图书馆组织文化所最应关注的课题。

创建图书馆组织文化的方式有多种，例如通过提高对教育培训的重视程度，加大对教育培训的经费投入，就是对学习精神的一种提倡。当然，通过系统的制度反映图书馆对某种文化的倡导也不失为一种有效的途径。例如对工作提出新的建议和改进意见的员工，图书馆应该进行肯定与奖励。当然，通过开展一些集体活动来强化图书馆组织认同的价值观，也是创建组织文化的方式之一。

随着社会对个人的学习能力提出的要求越来越高，图书馆馆员所应具备的知识技能和业务技能也应随之提高，这样才不会遭到社会的淘汰。而在这种多变的网络环境下，一个组织若没有足够的应对变化的智慧和能力、没有创新的精神，就是没有生命力的组织。图书馆一直以来就是渴求变化发展的组织，应该在创建组织文化的过程当中注意倡导创新精神，对在事业上有所创新的馆员应该及时进行鼓励。

总之，图书馆的组织文化能够促进人力资源的系统开发，能对图书馆馆员的行为和思想产生规范和协调作用，使图书馆的人力资源能够得到充分利用，从而提升图书馆组织的社会效益和经济效益。

第三章　图书馆的行政管理

第一节　图书馆的行政管理基础

一、图书馆行政管理的内涵

我们知道"管理"一词的历史与"行政"相比，显得更加久远，范围也更加广泛。可以说，人类社会的管理现象与人类社会是同时产生的，只要存在着两个以上的个人或两个以上群体的共同活动，就有管理活动。而"行政"一词在中国最早可以追溯到2000多年前的《左传》中的"行其政事""行其政令"。《史记·周本纪》首次把"行""政"连用，其意思就是指对国家政务的管理。因此，作为管理的一种形式，结合行政的具体含义，人们将行政又称为行政管理。在当前社会，行政管理的概念已经大为扩展，其含义也有了本质的不同。

对于行政管理概念的理解存在着一些分歧，主要有以下三种观点。一是狭义的行政管理。这种观点从国家"三权分立"的角度理解行政管理，认为行政管理是国家行政组织即政府系统依法对国家事务和社会公共事务进行管理，是国家行政权力的运用。二是广义的行政管理。这种观点从整个国家管理的角度理解行政管理，认为行政管理的范围应该包括整个国家的管理活动，即凡属国家机关的活动都是行政管理活动。三是最广义的行政管理观点。这种观点认为行政管理不仅包括一切国家机关的管理活动，而且包括企业、事业单位和群众团体管理活动。

在第三种观点中，行政管理行为已经不限于国家权力的行使，而将企业、事业单位和群众团体的管理活动纳入行政管理研究的范畴，这主要是由于国家和所有的单位、团体、组织都是出于某种确定的目的而形成的，这就需要对这个单位、团体、组织的行为进行必要的指挥和协调，具体包括行政目标的确定，决策、计划的制定和执行，人员的安排，经费的管理等一系列行为，组织内的所有行为都是为实现统一的目的而做出的。所以，国家行政管理与其他单位、团体、组织的行政事务管理相近似，这就使得第三种观点越来越得到大家的接受，除学术或专指国家行政权的行政管理概念，日常生活中人们提到的行政管理，指的都是最广义上的行政管理观点。

图书馆的管理工作按不同的工作内容可以分为业务管理和行政管理。其行政管理工作指的就是图书馆的管理者，按照本单位的工作特点和工作性质，通过计划、组织、决策、指挥、控制、协调等一系列行为，使图书馆的人力、财力、物力、时间等资源合理地得到使用，以帮助完成图书馆工作最终要求达到的目的。图书馆行政管理作为图书馆管理工作的重要组成部分，承担着图书馆建设的辅助作用，为图书馆业务发展和读者管理提供有效保证。

二、图书馆行政管理的特点

图书馆行政管理作为图书馆管理的重要组成部分，在图书馆的建设和发展中具有重要作用，影响着图书馆管理的成败，这主要是由行政管理的特点决定的。图书馆行政管理具有以下特点。

（一）引导性

所谓行政管理的引导性指的就是行政管理工作对图书馆的正常运行起着引导作用。行政管理部门负责本单位规章制度的制定、执行和监督，这就对工作人员的行为产生了一种导向作用，引导工作人员按照一定的标准和要求进行工作，使图书馆管理工作达到事半功倍的效果。

（二）约束性

图书馆作为一个组织整体必须具有统一的目标、统一的工作标准，这就需要依靠具有约束力的行政手段来实现。在行政管理的实践中并不是全面采取这种具有约束力的行政手段，如在图书馆工作中的决策、计划的制订需要以民主为基础，但在决策、计划的执行上则需要具有约束性的行政手段介入，从而强制保证决策、计划的实施。

（三）凝聚性

凝聚性决定着图书馆内部发展的活力。在当今社会，图书馆作为公共事业单位在发展中面临着众多困难，这中间包括资金因素、人员因素以及社会因素等。当这些因素对图书馆的发展产生影响的时候，作为图书馆调解中枢的行政管理部门就要发挥其凝聚性，解决这些不稳定因素给图书馆带来的负面影响。

三、图书馆行政管理的基本原则

（一）服务性原则

图书馆行政管理的服务性原则指的就是行政管理工作是为本单位的各项基础业务管理提供服务的，既包括工作人员的需要，也包括广大读者的需求。服务性原则，不仅贯穿于行政管理过程的始终，而且贯穿于行政管理的各个领域和各个环节。

1. 为图书馆业务提供服务

图书馆是一个以为读者服务为基础业务的组织，这项基础工作受诸如财力、物力的支撑，工作人员的选择、培训等多种因素的影响，而行政管理工作正是可以左右这些因素的关键环节。行政管理必须秉持对业务管理服务的原则，根据业务管理的需要，有效、及时地满足所有业务管理过程需要，促进图书馆事业的发展。

2. 为工作人员提供服务

图书馆工作人员是图书馆事业发展最活跃、最积极的因素，充分调动这部分人的积极性、主动性、创造性，使他们将爱岗敬业的精神真正地投入工作中去，才是实现图书馆事业创新发展的保证。行政管理工作的一项重要内容就是要妥善做好人力资源的管理工作。人事管理中不仅要注重提高全体馆员的职业和道德素质，还要努力促进馆员的工作积极性，使他们在工作中没有后顾之忧，解决好工作人员的各种合理需求，保护馆员的身心健康。这就要求行政管理者要将服务原则运用到人事管理中，要具体结合本单位的实际情况，切实了解馆员的需求，耐心细致地开展人事管理工作。

3. 为广大读者提供服务

读者是图书馆的服务对象，图书馆的所有服务和业务都是以读者为核心，围绕读者展开的。行政管理也是一样，虽然行政管理人员并不直接与读者接触，但行政管理所承担的涉及的财务、后勤等工作与图书馆的对外服务密切相关。行政管理在读者和业务管理中承担着调解中枢作用，是读者所享有的各类信息服务、知识服务的保证。

（二）效率原则

所谓效率原则在图书馆行政管理中运用就是指用最少的行政投入（包括人、财、物等）获得最大的行政产出（包括社会效益、经济效益等）。具体应该从以下几个方面着手。

1. 建立高效率的行政组织机构

行政管理工作需要建立高效率的行政机构，设立这种机构应该做到以下几点：一是合理设置行政机构。机构的种类、数量的多少、层次的划分、规模的大小都要从实际出发，部门之间要分工合理。二是科学地确定行政管理机构内部的人员结构。任何行政管理机构都是由若干职位构成的，根据实际需要确定行政机构内部的各种职位，按照职位配备具有相应才干的人员。三是实行定编定员。行政人员的数量应科学地设置，避免人员过多，无所事事，人员过少，穷于应付，妨碍行政效率的提高。四是要不断提高行政工作人员的职业素质和道德修养。行政管理是一门科学，从事的工作对行政人员的文化素质和职业道德有较高要求，同时从事这项工作还要对图书馆的基础业务有所了解，才能适应图书馆的发展要求。

2. 建立和健全行之有效的行政工作程序

图书馆行政管理工作涉及的范围非常广，处理的问题又非常复杂，很多问题还具有专业性。因此，为了有效地执行日益复杂的行政事务，行政管理工作程序必须科学化、制度化，使行政管理工作在具体操作时做到有章可循，还方便行政管理工作的考核。

3. 健全岗位工作责任制

岗位工作责任制是提高工作效率的有力保证。图书馆应根据行政工作的性质和特点，明确划分行政责任，职责要分明、分工要详细，应有数量、质量、时间等具体指标的要求，明确政绩考察的内容，建立各项考核和奖罚制度。一旦出现问题，立即追究，形成人人有动力、有压力，充分发挥人们工作的主动性和创造性，提高行政效率，避免不必要的人、财、时间的浪费。

（三）整体原则

图书馆行政管理工作是一个多方面、多层次、多环节相互依赖，相互作用的有机整体。一方面，行政管理工作对图书馆基础业务具有辅助作用，为图书馆业务管理提供财力、物力的支持。另一方面，行政管理工作又决定着图书馆的发展方向，所以要求行政管理部门要积极与业务管理部门互相沟通，使行政信息协调、统一地在各部门之间运行，使业务部门与行政管理部门形成一个相互促进的整体，实现图书馆管理的目标。

第二节　图书馆的组织结构与管理者

一、图书馆行政管理的组织结构

（一）图书馆行政管理组织结构设置的必要性

我们知道组织作为一种社会现象，是一切社会管理活动赖以开展的基础。同样，图书馆的行政管理组织也是图书馆开展本单位管理活动的基础。依靠行政管理组织图书馆工作人员可以在本单位这个框架内进行交流互动，满足各种工作需求，实现图书馆业务的正常进行。图书馆行政管理组织是一种有着相对明确的边界、规范的秩序、权威层级、沟通系统及成员协调的集合体，这一集合体具有一定结构性，其从事的活动往往与多种目标相关，其活动对图书馆工作人员、图书馆本身以及外部社会环境都产生一定的影响。

具体地讲，图书馆的行政组织结构是指在图书馆中建立起来的各种部门或机构之间以及以部门机构为依托的图书馆成员之间的权利和责任关系的结合方式，是表现图书馆各部分排列顺序、空间位置、聚集状态、联系方式以及各要素之间相互关系的一种模式，即按照本单位的工作性质将工作进行精确分工，然后在分工基础上进行协作以完成工作目标的各种途径，包括设定工作岗位，将岗位组合成部门，确定达到什么样的要求，如何使不同层次的部门能按时完成本单位的工作任务，最终实现本单位的目标，达到预期的结果。图书馆行政组织结构的建立是一项非常复杂而细致的管理工作。因为，没有一种合适的行政管理组织，没有严密的分工与协作，是不可想象的。图书馆行政组织的工作目的就是要通过建立一个适于本单位工作人员相互合作、发挥各自才能的良好环境，从而消除由工作或职责方面的原因引起的各种冲突，使工作人员能在自己的岗位上为本单位的目标实现作出应有的贡献。

（二）图书馆行政管理组织结构设置的原则

在现代化图书馆的行政管理中合理的行政组织结构是各项基础业务的

客观要求，这就要求图书馆行政管理组织结构设置时应遵循以下一些原则。

1. 权责对等原则

图书馆行政管理职责是本组织成员在一定职位上应该担负的责任。而其职权则是为了担负责任所应该具有的权力，组织中的每一个职位的任职者都具有相应的权力并承担相应的责任。由于权力、责任和职位之间的相关性，因而人们往往把职位上的责任和权力简称为职权、职责。为了能够使行政管理人员完成其职责，又不至于滥用权利，要求在组织结构设置时要注意权责对等。

2. 统一指挥原则

图书馆内部的部门和职位之间的地位并不平等，而是具有层次结构的，这就产生了上级如何指挥下级的问题。因此，在图书馆的行政管理中要求贯彻统一指挥的原则，以避免多头领导和多头指挥。

3. 高效精干原则

图书馆的行政管理组织设置要把高效精干原则放在首要位置上，力求减少管理层次，精减管理机构和人员，充分发挥组织成员的积极性，提高管理效率，在保证行政管理职能的基础上，要更好地实现本单位的工作目标。

4. 分工协作原则

图书馆组织设计要确保组织内既有合理的分工又要在分工的基础上保持必要的协作。由于组织机构之间的分工不能过细，以避免机构增多、浪费人力资源以及部门之间责任不清和职能交叉等情况。所以应根据组织的具体情况从各项管理职能的业务性质出发，在行政管理的组织内部进行合理的分工，划清职责范围，提高管理专业化程度，以达到提高工作效率的目的，并且加强协作、相互配合。

（三）图书馆行政管理组织结构模式

职能型组织结构是图书馆行政管理组织在自身的发展过程中形成的结构模式。这种结构是在馆长统一领导下，按照各项工作职能分工设置图书馆的若干部门，每个职能部门直接对其上级领导负责，并在其职能范围内对本部门的员工有指挥、协调、监督等控制权力。

职能型组织结构的优点是，各级管理者分工明确，可以充分利用本部门的资源，有效地处理比较复杂的问题，对提高馆员的积极性、主动性和创造性具有良好的效果。同时，职能型结构还可以减轻上级领导的工作负担，使其能更好地处理重大问题。但是这种组织结构的缺点是，容易造成多重领导，出现政出多门的现象，各部门容易从各自的利益出发，造成互相推诿的情况，而影响统一指挥，增加了协调的困难。这种情况，就需要较高层次的领导在进行管理的过程中关注大局，从图书馆的整体发展出发，避免各自为政现象的出现。

（四）新环境下的图书馆组织结构变革

职能部门化的组织结构推动图书馆事业的发展，既保证了馆长的统一指挥，又能发挥职能部门的专业管理作用，促进了图书馆人才的专业化发展。但是在新技术环境下的今天，社会对图书馆的需求呈现多元化、专业化、综合化，传统的职能部门化的组织结构已不再适应图书馆的发展目标了。当前，讨论最多的是扁平化的组织结构和矩阵式组织结构在图书馆中的应用，以及图书馆组织的再造。

1. 扁平化的组织结构

所谓组织扁平化，是指以管理信息的运行作为主轴和中心结构，将原来的管理层次缩减或压缩，把中间管理幅度加宽，职能加以扩展，允许内部组合多样化。扁平化组织结构的目的在于调动各层级管理人员、作业人员的主动性和创造性，对环境反应敏捷，使决策迅速。扁平化组织结构的特点是：组织结构层次少；信息获取、传递和运用都十分方便快捷；中间层管理幅度大，可以进行信息的传递；决策权向组织机构下层移动，增加了员工共同参与组织工作的机会。

信息技术的应用实现了图书馆工作流程的自动化，它可以集成许多等级部门的功能，从而缩短了信息流转的周期。对于管理者而言，信息技术的应用，一方面在很大程度上提高了管理控制幅度，另一方面削减了中间管理层的决策作用。与此同时，金字塔式的等级制组织结构的弊端也日益显现。传统图书馆的等级管理结构将变得不仅无法使工作人员满意，还存在功能性方面的障碍。图书馆应当寻求一种平衡机制，充分考虑各种任务的提出、宣传和实施，并通过提高个人的责任感，以达到它的战略目标。扁平化组织结构的产生，将提高图书馆对周围环境的反应能力与应对变化的效率。

2.矩阵式组织结构

矩阵式组织结构是借用数学中"矩阵"概念进行图书馆组织的一种方式。它是在直线式组织形式和直线职能式组织形式的垂直管理基础上，强化图书馆组织的横向领导关系，使纵向的指挥与横向的领导相结合，注重计划与目标的结合、部门与项目的结合，从而形成纵横交错的组织管理结构。可以说，矩阵式图书馆组织结构是由图书馆管理的两套系统组成，一套是建立图书馆管理的职能管理系统，一套是图书馆活动中各项任务之间项目管理系统，它打破了图书馆组织中统一指挥的传统原则与方式，具有职权的平衡对等性。在新技术条件下图书馆的管理活动中能够协调和平衡任务与部门之间的关系，适应图书馆组织目标和信息资源与服务活动的多重要求，是一种较为理想的图书馆组织结构形式。但是，这种图书馆组织结构形式若不注重职责权限的划分，就容易引起管理上的混乱，形成多头领导的局面。矩阵式组织结构最大的特点在于其具有双重命令系统，小组成员既要接受职能部门管理者的直接领导，又要服从临时项目小组负责人的指挥。

3.图书馆组织的再造

近年来，科技发展引发经济全球化浪潮，市场竞争日趋复杂，导致企业外部环境急剧变化，企业内部原有的以亚当·斯密（Adam Smith）"分工理论"为基础的部门结构和业务流程很难适应新变化。在机构改造中，以求对成本、品质服务和速度等影响绩效的重大因素做大幅度的革新，从而最终提高企业的整体竞争力。

（五）图书馆行政管理组织的工作内容

由于行政管理工作在图书馆管理工作中的中枢作用，决定了图书馆行政管理工作的多样性。这些具体的工作按照职能进行划分可以分成以下几项工作内容。

1.人力资源的管理

人是图书馆构成要素中的活跃因素，管理好人力资源才能做好各项基本工作，发挥图书馆的信息资源优势。因此，人力资源管理是图书馆行政管理工作的核心，是行政管理工作的重中之重。

2.财务管理

对于以政府财政拨付为主要来源的资金和资产进行管理，保证图书馆运行的物质基础。

3. 对外事务管理

作为一个文化事业单位，图书馆在正常业务活动中要不断地与外界进行交流，这里既包括举行各种文化活动、学术交流，还包括接待上级单位检查、兄弟馆的参观等一系列外事活动，而这部分工作需要由行政部门策划、接待和处理。

4. 规章制度的建立和完善

图书馆工作是一项兼具学术性、业务性、服务性的复杂劳动。为了能更好地完成图书馆的职能和工作，实行科学化管理是不可避免的。而实行科学化管理的关键就是建立健全图书馆的各项规章制度，这些制度应该包括：馆内各个部门的工作职责；每个工作岗位的工作细则；各级管理者的权利与义务；各种工作规范；考核、考勤制度；休假制度；奖惩制度等。这些制度是行之有效的管理工具，既有制约作用还有激励作用，对规范馆员的各种工作行为具有重要意义。

5. 内部事务的沟通、协调

图书馆行政管理工作中一项重要内容就是承上启下地做好信息沟通工作。这里的承上启下指的是接受领导的指示、决策和命令后向下级各个部门进行传达，并将下级部门对指示、决策和命令的反应和执行情况向上级领导进行反馈。

6. 读者接待服务工作

一般说来，接待读者为其提供服务并不是行政管理部门的主要工作，但作为图书馆的一分子，行政管理部门在工作中也要注意配合业务部门尽可能为读者提供服务，解决读者在接受服务过程中遇到的困难。

7. 后勤管理

后勤工作虽然表面上看起来简单，但其工作内容却是与图书馆职能的正常运转密不可分的。后勤工作具有服务和保障特性，主要为图书馆提供各种服务和资源性保障，具体包括水电维护、设备维修、办公物品采购等一系列活动。这些活动为馆员和读者提供了便利，是行政管理工作中不可分割的一部分。

图书馆应该加强行政管理的各项工作，以科学、合理的方法使行政管理工作充分发挥其枢纽作用。

二、图书馆的管理者

（一）图书馆管理者的重要性

从图书馆的性质和职能来看，无论其从事的是图书馆的基础业务（如采、编、流的工作人员），还是从事其他工作（如财务、办公室等），所有馆员从事的都是一种管理工作。但这种管理工作仅是一种同管理有联系的业务活动，并不从事对人的管理，故而只能称为业务管理人员，而不是真正意义上的管理者。对图书馆工作来说，只有那些在从事管理过程中对图书馆的普通馆员进行领导、组织协调和监督的人员才是真正的管理者，即中级管理者，各部门的主任和高级管理者馆长。

管理者对于图书馆的发展具有非常重要的作用。第一，图书馆的生存发展在很大程度上取决于这些管理者的决策，特别是高层管理者的战略决策，取决于高层管理者能否审时度势，把握环境的变化，抓住机遇，有胆略地进行风险决策。第二，图书馆要取得良好的运行效果，必须有严格的管理，而严格的管理要依靠管理者设计、拟订和实施一整套符合图书馆运行的管理制度。第三，合格的管理者本身应是创新者和改革者。在图书馆快速发展和信息膨胀的当前环境中，墨守成规，不改革、不创新，图书馆的发展将无法适应变化着的形势。这就要求管理者尤其是高层管理者作为变革者，去克服发展中的重重阻力，排除各种干扰，积极改革创新，利用自身敏锐的洞察力和创新胆量营造图书馆的未来。第四，图书馆的发展在很大程度上依靠本单位各部门间的协调和配合，因此要求管理者面对各部门之间的沟通和解决矛盾时，既要有权威又要有经验，才能把各部门的力量集中到实现统一的工作目标中来。第五，图书馆工作目标和社会效益的实现，要依靠广大馆员的工作热情和奉献精神，这就需要管理者在工作中要充分调动馆员的积极性、创造性，开展深入细致的思想工作，不是单纯的说教式的空洞工作，而是贴近馆员的生活实际和工作实际，从而加强图书馆的工作凝聚力。

（二）图书馆管理者的职能

图书馆管理者的工作是纷繁庞杂的，既有图书情报专业方面的工作，又有日常管理上的工作。一般而言，管理者工作层次越高，他将着重于非结构化的、非专业化的、长远性的工作安排。而底层管理者主要是保证组织内部稳定的工作，因此，更关注的是当前的、具体的、集中的和短期性工作。归纳起来，管理者必须做好的基本工作有以下几项，只有将这些基本工作完成，管理者才有可能综合各种资源，实现图书馆的工作目标。

第一，拟定工作目标。不论是中级管理者还是高级管理者在工作中都应拟定一定的工作目标，然后以这些目标为基点，决定为达到这些工作目标所做的事情，并且将工作目标向负责管理的馆员解释清楚，借以使目标有效达成。

第二，组织执行工作。分析所需要完成的工作目标，将工作分类，并将其交给相关的执行部门或个人。

第三，联络协调工作。将负责各种业务的馆员组织起来并开展必要的沟通和协调。

第四，考核。管理者对其管理的部门和个人的业绩进行科学的、客观的评价，将各种考核的意义及其结论传达给下属、上司及其他同事，以便做出必要的改进。

第五，培养人才。善于发现下属的特殊能力和才干，有目的地进行培养。

（三）图书馆管理者的素质及其培养

由于管理者要在图书馆的管理工作中充当多种角色，履行管理的各项职能，这就要求他们要有坚实的知识背景和基本的管理技能。那么，管理者应该具有什么样的素质呢？众多管理学家们提出了很多观点，但总体来看，一个管理者的素质应该包括品德、知识水平和能力三大方面。因为，品德是推动一个人行为的主观力量，决定着个人工作的愿望和干劲。知识和能力代表了一定的智能水平，决定着一个人的实际工作能力。可以说，素质是决定着管理者为谁干、为何干和能干得怎么样的内在基础。

1.品德方面

一个人的品德体现了其世界观、人生观、价值观、道德观和法治观念，持续有力地指导着一个人对现实的态度和行为方式。作为一名管理者，应该具有强烈的管理意愿和良好的心理素质。

（1）管理意愿和责任感

作为管理者必须具有为他人工作承担责任、激励他人取得更大成绩的愿望。如果管理者缺乏这种意愿，那么他就不可能是一个成功的管理者。管理愿望是决定一个人能否学会并运用管理基本技能的主要因素。只有树立一定的理想，有强烈的事业心和责任感，管理者才能在管理岗位上有所作为，有所贡献。

（2）良好的心理素质

管理工作具有其特殊性，作为一名管理者，除了要有强烈的管理意愿，良好的心理素质也是必备要素之一，即要具有创新精神、实干精神、合作精神和奉献精神。面对着复杂多变的管理环境，管理人员要具有创新精神，要勇于引进新的技术、起用合适的新人、采用全新的管理方式，要敢于冒险，并承受风险带来的损失。缺乏这种心理素质的人是不适合从事管理工作的。当然，管理者要有与人合作共事的精神，善于团结群众、依靠群众。同时图书馆的管理者要有一种服务于图书馆、服务于馆员和读者的奉献精神。

2. 知识方面

图书馆管理工作要求管理者掌握一定的图书情报专业知识，这些专业知识同管理知识一样是提高管理水平和管理艺术的基础与源泉。因此，管理是一门综合性的科学，涉及的学科知识很广。一般来说，图书馆的管理者应该掌握以下几方面的知识。

（1）政治、法律方面的知识

要掌握党和国家的路线、方针、政策，国家的有关法令、条例和规定。

（2）图书馆学、情报学和管理学知识

要求管理者具有图书情报知识背景，并且管理学知识也是图书馆管理过程中必不可少的知识。

（3）心理学、社会学方面的知识

善于协调人与人之间的关系，以及调动员工的积极性。

（4）计算机方面的相关知识

图书馆在当今社会的发展离不开计算机的支持，不论是图书馆业务管理方面、信息提供方面还是图书馆行政业务的管理，计算机专业知识的应用必不可少。

3. 实际能力方面

一个成功的管理者并不意味着只要把管理的理论、原则、方法背得滚瓜烂熟即可，而是能很好地把各种管理理论与业务知识应用于实践，进行具体的管理，解决实际问题，这才是管理者的实际能力。而要提高管理技能的最有效的方法就是实践。在实践中管理者的基本理论和专业知识不断积累和丰富，既有助于将能力与知识联系起来，使实际能力有所增长与发展，同时又促进管理者对基本理论知识的学习消化和具体运用。

三、领导者——图书馆中一类高要求的管理者

管理和领导是两个既有所相似又有所区别的定义，相似之处在于两者都涉及对要做的事情作出决定，并尽力保证任务能得以完成，两者都是完整的行为体系；区别在于管理强调微观方面，侧重具体事项，注重的事情基本在几个月或几年的时间范围内，时间较短，看重风险的排除以及管理行为的合理性。领导则注重宏观方面，侧重于发展的整体性，关注更长时间范围的事情，具有一定风险战略的部署能力。更基本的是，领导和管理具有各自的主要功能。领导能带来有用的变革，管理则是为了维持秩序，使事情高效运转。

基于以上认识，对图书馆的管理者认识就要有所区别。馆长作为图书馆管理者的一类人群就超出了其他管理者，是一种领导者地位，在图书馆的发展中占有更加重要的位置。而领导者——馆长也要有着区别于普通管理者的素质和领导行为。

（一）领导者（馆长）应具备的素质

与普通管理者相比，领导者（馆长）应拥有以下几种共同的素质。

1. 战略思考能力

领导者（馆长）对于图书馆发展的指导思想和长远目标应该具有很好的战略思考的能力，不论遇到何种挫折和失败，都应坚持和奋斗下去。

2. 充满激情

领导者（馆长）应对未来的图书馆事业和工作充满激情，真心喜欢自己所做的工作。在工作中用自己的激情鼓舞图书馆的馆员，使馆内的工作氛围浓烈，促进各项工作的完成。

3. 公正

这里的公正包括领导者（馆长）对自己能力的公正评价和对其属下工作人员能力和工作成果的公正评价。因为一个人不了解自己的优缺点和真正的能力是不可能取得成功的。而善于观察、善于和他人共事、善于向别人学习，对自己属下的工作能力和成果能做出公正、真实的评价同样也是领导者

应具备的素质。

（二）领导者（馆长）的关键行为

1. 为图书馆构建远景

作为图书馆的领导者（馆长）只是一个不变的工作岗位，但实际执行人却总是在不断变化，这就使得图书馆的发展要受到人员更换的影响。因此，图书馆要想成功发展，就需要在管理中注重保持不变的发展目标，这是图书馆不断地适应外部变化成功发展的稳定标志。而图书馆核心价值和发展目标的确定就需要领导者（馆长）的远见卓识和有活力的远景规划。

2. 识别和关爱下属

真正的领导者应该了解下属的工作内容以及在工作中面对的压力。通过仔细倾听和敏锐观察，认识到下属的需要，在合理范围内考虑他们的最大利益。当前在图书馆行政管理中所需处理的各种关系呈现多样化的发展趋势，领导者（馆长）处于这种关系网的核心。这就要求领导者必须了解其下属的观点和态度，这既是领导者（馆长）向他人表示尊重和认可的最佳方式，也是领导者（馆长）向群众学习的一种表示。

3. 正确利用和提高下属的工作能力

领导者（馆长）的一项基本任务，就是不断地提高其下属把共同的价值标准付诸实践的能力。为了实现这一任务，领导者（馆长）要增强下属的能力和自信，提高图书馆这个团队的工作能力，树立起领导者（馆长）的威信。此外，为了实现这一任务还必须保证下属存在着受教育的机会，以便增加其知识和技术，并在提供资源上给予支持，使下属能够将其能力投入到对图书馆有益的事情中。

4. 服务于图书馆的发展目标

领导者（馆长）的职责就是为图书馆的发展目标而服务，这就要求他们要以行动表明自己将图书馆的发展目标置于工作首位，要在各自岗位上做好自己的本职工作，以实际行动表明自己的决心，努力为图书馆的利益去奉献。并且通过自己的行为去感染下属，使他们为同样的目标而奋斗。

5. 保持希望

一般情况下，图书馆都是国家投资的事业单位，这就使得图书馆在发展过程中缺乏企业那样的竞争性。这种竞争性的缺乏，使得图书馆的发展缺少了一份活力和激情，因此，领导者（馆长）应该让馆员充满希望，努力激发他们的才智和能力，使图书馆的发展一直抱有希望，保证图书馆拥有发展的活力。

第三节 图书馆的财务管理

一、图书馆财务管理的内涵

行政管理体系中除了对人的管理，另一项重要的管理对象就是对钱和物的管理。众所周知，在现今这个高度组织化了的社会，无论是从事社会管理的政府，还是从事营利活动的企业，甚至一个家庭都离不开人力、物力、资金等要素的运转和支撑。当然，对于企业等以盈利为目的的机构组织，追求利润最大化是其终极目标，它代表了企业等组织努力实现的最终结果。而图书馆作为一个为社会提供信息服务的非营利性公共组织，其业务活动的目的不是追求利润，而是为社会提供一种公益性服务，其所拥有的财务资源只是实现最终目的的手段，利润本身并不是图书馆的最终目标。但即使这样，图书馆的财务资源管理仍然是图书馆行政管理工作中的一项重要内容。如何加强图书馆资金的管理、扩大图书馆资金来源的渠道、严格控制各项费用的支出、合理安排资金计划，从而使图书馆资金预算计划顺利完成，是保证图书馆正常运行的物质基础。

因此，所谓图书馆的财务管理就是在日常管理中遵循资金运转的客观规律，对图书馆的财务活动及其所体现的财务关系进行有效的管理。这里的财务管理活动包括资金的筹措和分配、制订财务计划和预算、设立专门的财务管理组织、实施财务计划和预算、进行财务监督的全过程。其目标就是控制图书馆的经济活动，提高经费使用的经济效益，维持图书馆良好的财务状况，为图书馆基础服务工作提供物质保证。

此外，在进行财务管理的过程中图书馆作为非营利性的公共服务组织，要严格遵守财务管理的原则。

第一，实行依法管理。对于图书馆的财务管理要依照国家法律法规、图书馆章程和财务管理制度的规定进行，图书馆的财务活动只有在这些制度范围内进行，才能保证有限资金得到合理的利用。

第二，实行计划管理。由于国家财政对图书馆资金的投入量并不能与图书馆的实际发展相符，因此，对财务的管理要有计划地进行，对影响图书馆活动的各种情况要进行预测，对预测结果进行分析后做出决策，并用财务预算的方式表示出来，以提高预见性。

第三，实行统分结合式的管理。图书馆的财务管理应该实行统一领导与分级管理相结合的方式，即财务管理由图书馆的领导者负责，设置单独的财务管理机构和相应的人员对钱和物进行集中管理。财务管理过程中要根据图书馆发展需要，合理安排各部门对资金的使用，保证重点项目和基础建设的资金，并接受馆员的监督。

二、图书馆财务管理的目标、任务和原则

图书馆财务管理的目标、任务和原则是图书馆财务管理理论的基石，它决定着图书馆财务管理的方向、内容和方法。

（一）图书馆财务管理的目标

图书馆财务管理的目标是图书馆财务活动所希望实现的结果，是评价图书馆理财活动质量的基本标准，是图书馆财务实践、财务决策的出发点和归宿，也是图书馆财务管理的行为导向，图书馆的一切财务活动都是围绕这个目标进行的。

图书馆财务管理的目标是努力增收节支，合理安排支出结构，严格控制经费支出，提高资金使用效率，充分利用有限的资金。

（二）图书馆财务管理的任务

图书馆财务管理的任务是依法筹集并合理有效地使用资金，对图书馆的各项财务活动实施有效的综合管理。具体包括：①加强图书馆预算管理，保证各项事业计划和工作任务的完成；②加强收支管理，提高资金使用效率；③加强资产管理，防止国有资产流失；④建立健全财务制度，实现图书馆财务管理的规范化；⑤按规定及时编报决算，如实反映图书馆财务状况；⑥加强财务分析与财务监督，保证图书馆各项活动的合理性与合法性。

（三）图书馆财务管理的原则

图书馆财务管理的原则是图书馆财务管理工作中应遵循的基本规范。它们来源于财务管理工作实践，是在图书馆理财实践过程中抽象出来的并且在实践中证明是正确的行为规范，是对图书馆财务管理工作提出的基本要求，

也是评价图书馆财务管理工作质量的标准。它们反映着图书馆理财活动的内在要求，对于规范各类图书馆的理财活动，防止各图书馆各行其是，确保图书馆财务管理工作的质量，实现图书馆财务管理的目标，都具有重要意义。图书馆财务管理原则一般包括以下几条：①依法理财原则；②勤俭节约原则；③量入为出原则；④效益原则；⑤正确处理国家、图书馆和个人三者之间的利益关系原则；⑥责任性原则。

三、图书馆财务管理的内容

（一）图书馆运转资金的筹措

图书馆作为非营利的公益性服务组织，其运转资金主要依靠政府的投资。即使大学图书馆的运转资金表面上看来源于学校的经费预算，但究其根源同样是来自政府对教育的投资。所以，图书馆的发展在很大程度上由国家财政投入的程度决定。自改革开放以来，我国国力逐渐强大，政府对公益性组织的资金投入比例也逐年增长。不过我国公益性组织众多，图书馆只是其中之一，而由于图书馆的运转资金来源单一，这就使得图书馆在发展过程依赖现象严重。当前，我国各种类型的图书馆都存在着经费紧张的现象，从而极大影响了图书馆的信息服务质量。如何在现有情况下，扩大图书馆运转资金的来源又能保持图书馆作为非营利组织的公益性，这就要求在图书馆发展中扮演幕后角色的财务管理发挥其应有作用，在资金筹措中为图书馆开辟新的途径。

1. 继续加强政府对图书馆工作的重视，提高政府对图书馆的投资力度

图书馆的资金运转来自政府投资，这一点是毋庸置疑的。单纯依靠图书馆自身的收入维持图书馆的运行并不可行，也会失去图书馆公益性的本质。而这就需要不断地强化政府对图书馆作用的重视，使政府认识到图书馆在现代文化生活中的作用和价值。要做到这一点，就需要图书馆的工作人员不断发展和创新图书馆的各项专业信息服务，使更多的公众认识图书馆，了解图书馆，利用图书馆。让图书馆成为信息社会不可缺少的信息助手，尤其在网络发展的时代，更不要使图书馆在社会生活中沦为可有可无的文化机构摆设。

2. 利用图书馆自身优势，扩大资金来源

第一，图书馆是信息资源汇集的场所，近些年从事图书馆管理工作的

人员素质也大幅度提高，硕士、博士等专业型人才也大批涌入图书情报领域，使图书馆利用自身的信息优势、开拓深层次的信息服务成为可能。当前的科技创新、专题信息跟踪服务等有偿服务工作已经成为图书馆服务的亮点，这些项目不仅扩大了图书馆的服务领域，也为图书馆开辟了新的资金来源。第二，图书馆是文化教育的宣传场所，增加图书馆文化服务领域的活动也能带来一定的经济效益。这些活动主要有：信息培训服务，如各种数据库的使用等；文化娱乐活动，如美术、摄影展览等；与图书馆有关的经济活动，如图书展销、珍藏版图书中介等。以上这些活动的举行既不与图书馆作为公益性组织冲突，还能为图书馆创造经济收益，可谓一举两得。

3. 加大图书馆宣传力度，吸收各方捐赠

由于图书馆是政府投资的公益性组织，所以一直以来，图书馆多数都是静候读者上门，然后再向其提供相应的服务。因此，社会各界和普通公众对图书馆的认识模糊，利用率也低。这种宣传力度的欠缺和服务方式的懒怠造成图书馆物质资助的一个重要来源——捐赠受到严重影响，常常是时有时无。其实，捐赠一直以来就是图书馆获得物质资助的一种方式，主要以捐赠图书、期刊为主，金钱性质的捐赠并不是主流形式。目前来看，图书馆的捐赠者大概有三种类型，即个人、公司、基金会。图书馆如果想吸收各方的捐赠就要有计划和有目的地向这几种类型的捐赠者进行自我宣传，宣传方式可以灵活多样，但态度要真诚，对吸收的捐赠的管理要公开、透明。

（二）财务预算管理

由于资金的有限性和支出需求的无限性，使得图书馆资金在分配过程中要在可能的支出目标之间进行选择，找出优先的支出重点，这对本单位的资金分配具有重要意义。因此，财务预算管理在图书馆财务管理中是一项重要工作内容。所谓财务预算管理指的就是图书馆在一定期间内取得及使用资金的计划。通过对预算资金的筹措、分配、使用所进行的计划、领导、组织、控制、协调、监督等活动。其目的是完成预算收支任务，提高资金的使用效率，控制财务风险损失。

图书馆的财务预算是一种权利规制管理，体现了以政府为主要出资者的管理者对资金获得者的权利授予与约束。尤其是图书馆作为非营利性公益组织，其资金来源于国家财政拨款，为了更好地履行自己的职能，优质高效地完成图书馆的任务，图书馆应该接受国家、政府以及公众对自己的资金约束和监督。管理者应该认识到财务预算不等于一个简单的财务预测或计划，而是作为一部内部"宪法"，在图书馆中贯彻执行。

财务预算的关键在于预算编制，对于图书馆的预算编制来说，第一，需要根据图书馆的发展需要，确定具体的资金分配方案，要具体化、数量化；第二，应该综合、全面地考虑和分析图书馆发展中的可能变化，并以货币计划的形式具体、详细地反映出来；第三，坚持综合平衡收支、略有节余，尽量避免预算赤字；第四，应量入为出，根据财务具体情况安排支出。

（三）财务收支管理

图书馆财务收支管理包括收入管理与支出管理两个方面，其中收入主要有政府拨款、各方捐赠以及图书馆自创经费等几种形式。其中头两项是图书馆的主要收入来源，这些收入按照规定要纳入财务部门的统一管理之下，这是财务管理的客观需要。而支出管理由于种类多、用途广，管理起来则更加困难，这就有必要对资金的使用范围、用途、指标进行管理，用以实现对图书馆各项财务活动的控制，避免差错或问题，保证图书馆的正常运转。因此，收支管理作为财务管理的基本内容，增强其管理的科学性和规范性，提高收支管理的水平也是至关重要的。具体操作要注意以下几点：

1.严格遵守收支计划

图书馆财务收支计划是经过图书馆各部门讨论形成并经过严格程序通过的。因此，收支计划一旦通过，就被赋予了相应的效力，对图书馆来说就是具有约束力的文件，非经特定的程序不得随意修改。在计划期间内，各部门和各单位凡是有收入的都必须按规定入账；有支出的，也应按计划规定的项目、金额、时间进行开支；对于没有列入计划的开支项目，财务部门要拒绝为其开支。如果实在必要，应该履行相应的审批手续，编制补充计划、说明原因，并经过审核后才能列支。

2.建立健全财务支出管理制度

图书馆为了保证财务收支合理有序，应该按照财务管理制度的要求建立健全支出管理体系，针对不同的支出项目建立相应的管理制度。对于经常性支出的核算、使用、效益、标准等实现统一化管理，同时对重大支出项目要遵循严格的程序，完善调研、立项和审批制度。

3. 保证馆内基本项目支出

基本项目支出是维持图书馆正常运转的物质基础，因此，应严格专项支出的管理。在考虑全馆的基础上，切实保证经常性开支的资金供应。为此一方面要严格遵守支出计划；另一方面要本着节约的精神，对于超计划、超范围、超标准的开支坚持抵制，从根本上做到计划开支、有序开支、专款专用。

（四）图书馆资产管理

图书馆资产是图书馆占有或使用的以货币来计量的经济资源，具体包括流动资产、固定资产和无形资产三类。其中任何一种资产都具有其特定价值，可以为图书馆的正常运转提供客观条件和物质保证，因此，是图书馆财务管理的重要范围。

一般来说，流动资产是指在一年内可以变现或者耗用的资产或资金。具有周转速度快、循环周期短等特点。对于图书馆来讲，流动资产主要指短期内可以周转的货币资金。

固定资产则是指期限超过一年并且在使用过程中保持原有实物形态的资产。对于图书馆来讲，主要包括房屋、建筑物、运输工具、图书资源以及其他诸如桌椅、电脑、书架等设备。对于这些设施图书馆应做好管理工作。第一，需要做好固定资产管理的各项基础工作。如建立固定资产分级管理责任制；编制固定资产目录；建立固定资产的登记簿或卡片；做好固定资产的计价、折旧工作。第二，应当加强对固定资产实物的管理和维修，对新增固定资产做好验收、移交以及入账工作。第三，对清理报废及有偿调出的固定资产、租出和租入的固定资产必须做好登记。第四，对使用中的各种固定资产要做好日常维护、保养和检查、修理工作。

无形资产是指图书馆所控制的，不具有实物形态，但可以长期发挥作用且能带来经济利益的资源。在当今社会随着时代的发展和科学技术的进步，无形资产的管理日趋重要。而图书馆作为信息服务的公益单位，其凭借自身优势发展而取得的各种专利技术，文献信息加工成果以及其他信息资源的成果等对图书馆的发展具有重要作用，它所创造的效益也有发展的趋势，图书馆应该对这部分资产做好管理工作。

（五）财务的监督管理

由于是政府财政支持的单位，财务监督在图书馆管理中越发显得重要。

所谓图书馆财务监督就是根据国家有关财务管理的法律、法规和财务制度，对图书馆的财务活动进行审核和检查的行为。

图书馆财务监督的主要内容有：监督资金的筹措和运用；监督预算的执行情况；监督资金的日常使用；监督资产管理状况等。在监督过程中主要以财务报告和财务分析为主，把图书馆一定时期的财务状况和预算执行情况编写成书面文件，用财务报表和财务情况说明书具体反映资金的运行情况以方便财务监督的进行。

监督的主体主要有本单位职工、上级主管单位和国家财务监督和审计部门。通过这些主体的财务监督可以使图书馆财务管理存在的问题显现出来，有助于改进和完善图书馆在发展过程中的财务制度，还可以提高资金的利用率，实现资源的有效配置。

四、图书馆财务管理的技术方法

图书馆财务管理的技术方法是图书馆达到财务管理目标、完成财务管理任务的重要手段，也是图书馆财务人员从事财务工作的基本技能。图书馆理财活动中，运用着一系列的技术方法，它们共同形成了一整套科学、完善的财务管理方法体系。根据我国传统的财务管理理论，财务管理包括财务预测、财务决策、财务计划、财务控制及财务分析五个环节。与此相应，图书馆财务管理方法体系也主要由相互联系的财务预测方法、财务决策方法、财务计划方法、财务控制方法及财务分析方法组成。

（一）图书馆财务预测方法

财务预测是图书馆财务人员根据历史资料，依据现实条件，运用特定方法，对图书馆未来的财务活动和财务成果所做出的科学预计和测算。财务预测是财务决策的基础，是图书馆编制财务计划的前提，是图书馆日常财务活动的必要条件。

图书馆财务预测工作一般包括如下几个步骤：①确定预测对象和目标，制订预测计划；②收集、整理相关的信息资料；③选择特定的预测方法进行实际预测；④对初步的预测结论进行分析评价及修正，得出最终预测结果。

图书馆财务管理中常用的预测方法可分为定性预测法和定量预测法两种类型。定性预测法亦称非数量预测法，一般是在缺乏完备、准确的历史资料的情况下，由图书馆领导、财务主管及其他有关专家根据过去积累的经验，利用直观资料，依据个人的主观判断能力及综合分析能力，对图书馆财务的未来状况和趋势做出预测的一种方法。定量预测法亦称数量预测法，是运用现代数学方法对历史数据进行科学的加工处理，充分揭示各有关变量之间的规律性联系，建立经济数学模型来进行预测的方法。定量预测法又可分为因果预测法和趋势预测法两种类型。

（二）图书馆财务决策方法

财务决策是指财务人员在财务目标的总体要求下，从若干个可供选择的财务活动方案中选择最优方案的过程。当然，在可供选择的财务活动方案只有一个时，决定是否采纳这个方案也属于财务决策。财务决策是财务管理的核心，直接关系到图书馆财务管理的质量。

图书馆财务决策一般包括以下几个步骤：①根据财务预测的信息提出问题；②根据有关信息制订解决问题的若干备选方案；③分析、评价、对比各种方案；④拟定择优标准，选择最优方案。

图书馆财务决策常用的方法有优选对比法、数学微分法、线性规划法、概率决策法、损益决策法等。

（三）图书馆财务计划方法

财务计划是在一定的时期内以货币形式反映图书馆业务及经营活动所需的资金及其来源、财务收入和支出、结余及其分配的计划。财务计划是图书馆根据本单位的业务工作安排及定额定员等标准，以财务预测提供的信息和财务决策确立的方案为基础来编制的，是财务预测和财务决策的具体化，也是控制图书馆财务活动的基本依据。图书馆预算、预算外资金收支计划、经营收支计划等都是图书馆的财务计划。

图书馆财务计划的编制过程一般包括如下几个环节：①根据财务决策的要求，分析主客观条件，全面安排计划指标；②对需要与可能进行协调，实现综合平衡；③调整各种指标，编制出计划表格。图书馆财务计划的编制过程，实际上就是确定计划指标并对其进行综合平衡的过程。

编制图书馆财务计划的方法主要有平衡法、因素法、比例法、定额法等。

（四）图书馆财务控制方法

财务控制是指在财务管理过程中，利用有关信息和特定手段，对图书馆的财务活动施加影响或调节，以便实现计划所规定的财务目标。财务目标是图书馆一切财务活动的出发点和归宿，是财务管理的行为导向，对图书馆财务活动进行管理和控制，正是为了实现一定的目标。财务控制作为一种经济调控行为，其调节过程一般包括制定目标、分解目标、实施调控、衡量效果、纠正偏差几个步骤。

常见的图书馆财务控制方法有：①防护性控制。又称排除干扰控制，是指在图书馆财务活动发生前就制定一系列制度和规定，把可能产生的差异予以排除的一种控制方法。在图书馆财务管理中，各项事先制定的标准、制度、规定都可以看作是排除干扰的方法，这是最彻底的控制方法，也是图书馆财务管理中最常用、最重要的控制方法。②前馈性控制。又称补偿干扰控制，是指通过对图书馆财务系统实际运行的监视，运用科学方法预测可能出现的偏差，采取一定措施，使差异得以消除的一种控制方法。在图书馆财务管理中，前馈性控制是一种比较好的控制方法，它便于各图书馆及时发现问题，并及时采取措施解决问题，尽量避免出现大的失误。但是，采用这种方法要求掌握大量信息，并要进行准确的预测，只有这样，才能达到控制目的。③反馈性控制。又称平衡偏差控制，是在认真分析的基础上，发现实际与计划之间的差异，确定差异产生的原因，采取切实有效的措施，调整实际财务活动或调整财务计划，使差异得以消除或避免今后出现类似差异的一种控制方法。反馈性控制是根据实际偏差来进行调节的，属于事后控制，在平衡与调节的过程中，由于时滞的存在，又可能导致新的偏差。但这种控制方法运用起来比较方便，一般不需要太多的信息。因此，这种方法在图书馆财务管理中得到广泛的运用，特别是当干扰不能预计或发生很频繁时，它是一种典型的财务控制方法。

（五）图书馆财务分析方法

财务分析是根据有关信息资料，运用特定方法，对图书馆财务活动过程及其结果进行总结和评价的一项工作。通过财务分析，可以掌握图书馆各项财务计划指标的完成情况，评价图书馆财务状况，衡量图书馆工作绩效，研究和掌握图书馆财务活动的规律性，改善图书馆财务预测、决策、计划和控制，提高图书馆财务管理水平，促进图书馆财务管理目标的实现。

图书馆财务分析过程一般包括如下几个阶段：①确定题目，明确目标；②收集资料，掌握情况；③运用方法，揭示问题；④提出措施，改进工作。

图书馆财务分析方法主要有两种。

1. 比较分析法

即比较两个相关的财务数据，来揭示财务数据之间的相互关系，分析图书馆财务活动的一种方法。它通常采用三种方式来进行比较：①将分析期的实际数据与同期计划数据进行对比，确定实际与计划之间的差异，据此考核财务指标计划完成情况；②将分析期的实际数据与前期数据进行比较，确定本期与前期之间的差异，据此考核图书馆的发展情况，预测图书馆财务活动的未来发展趋势；③将分析期的实际数据与同行业平均指标或先进图书馆指标进行对比，确定本单位与同行业平均水平或先进水平之间的差异，据此找出原因，改进工作。

2. 比率分析法

即把某些彼此相关联的指标以比率的形式加以对比，来确定图书馆经济活动变动程度，揭示图书馆财务状况的一种分析方法。在图书馆财务分析中，常用的比率有以下两类：①构成比率。又称结构比率，它是某项经济指标的各个组成部分与总体的比例。通过构成比率，可分析指标构成内容的变化，从而掌握该项财务活动的特点与变化趋势，考察图书馆经济活动的结构是否合理。例如，通过计算图书馆各项支出在支出总额中所占的比重，可分析图书馆行政性支出与业务性支出之间、维持性支出与发展性支出之间、重点性支出与一般性支出之间的比例是否恰当，支出结构是否合理。②动态比率。即将某项指标的不同时期的数值相比而求出的比率。它反映的是同一财务指标在不同时期状态下的对比关系，说明的是图书馆财务活动在时间上的发展和变化程度。通过动态比率，可分析图书馆财务活动及相关指标的发展方向及增减速度。

第四章　图书馆的业务和物力资源管理

第一节　图书馆的业务管理

一、文献资源建设管理

（一）文献收集

文献收集是图书馆根据各自的目标任务和用户需要，选择文献并通过购买等多种方式获取文献，以积累和补充馆藏的工作。也称采访工作或藏书补充。

文献的收集是整个图书馆工作的基础，直接影响着图书馆服务质量和水平。文献的收集应遵循一定的原则，建立科学的、实用的，并具有一定特色的藏书体系。做好文献的收集工作，首先要进行调查。一是调查图书馆所处地域的政治、经济、科技发展现状与需求；二是调查用户的需求，确立本馆收藏原则、收藏范围、馆藏重点、采购标准；三是要了解本馆的藏书情况、藏书总的动态、书刊的种类与复本数、各类藏书的利用率，以及哪些书刊应剔除，哪些书刊要补缺等；四是要了解并掌握各出版社的性质、出版信息、书店发行信息等。

文献收集的一般性原则有：①实用性原则；②系统性原则；③特色化原则；④共建共享原则；⑤发展性原则；⑥经济性原则。

文献的收集方式主要有购入和非购入两种途径。文献购入的方式包括预定、选购、邮购、委托代购、集团采购、复制和网络信息下载等；非购入方式包括接受呈缴、征集、交换和接受捐赠等。在地方文献的采集方面，鉴于许多地方文献是非正式出版物，因此，常常还需要去上门访求。

在网络环境下，图书馆所收集文献的对象除了图书、期刊、报纸、视听资料、电子出版物等，还应包括商业数据库、网上信息及其他图书馆的上网信息所进行的网络链接（作为本馆的虚拟馆藏）。

（二）文献登录

图书馆通过上述方式获得各种文献以后，紧接着的工作就是文献登录。文献登录的方式有两种，即个别登录和总括登录。

个别登录一般是按每册图书（或每个光盘、录像带单元）进行的。给每册图书一个号码，作为该册图书的财产登录号。个别登录要将每册图书的书名、责任者、版本、书价、来源以及登录号等逐项记入"图书财产登录簿"。这是检查每一册书的入藏历史的重要依据，根据它可以查清每一册书的入藏日期、来源、价格及在何时被注销和注销的原因等。

总括登录是按照每批收入图书的验收凭证（如收据、发票、拨交或赠送图书的目录等）或者每批图书的批准文据，分别将每批图书的总册数、总价值、各类图书的种数、册数等记入"图书馆藏书总括登录簿"。通过总括登录，可以了解和掌握全馆藏书的总册数、总价值、来源和去向、实际藏书量以及各类图书的入藏情况等，可以反映各馆的藏书结构。

两种登录制度虽然对图书做的是双重登记，但工作并不重复。总括登录回答图书馆收进、注销和实存图书的总数和总价，起藏书总账的作用；个别登录只具体反映收进和注销的个别图书，起明细账的作用，也是图书馆藏书的清册。光盘、音像资料等都应当按照不同的载体形式分别进行总括登录和个别登录。

（三）文献整理

经过登录的各种文献，还需要加工整理。文献整理包括文献分类、主题标引、文献著录、文献编目和文献组织。

1. 文献分类

文献分类是根据文献分类法对文献内容的学科知识属性和其他具有检索意义的特征进行分析、归纳，确定所属类目和给出分类号，用以揭示和组织文献及编制分类目录索引的工作。文献分类包括两方面的含义，即类集和归类。对于一个具体图书馆的整体藏书而言，文献分类就是类集，即把学科性质相同的文献聚集在一起，学科性质相近的文献联系在一起，学科性质不同的文献区分开来，并按照各类文献的亲疏远近，把图书馆的藏书组织成一个有条理的逻辑体系。对一本具体的文献而言，文献分类就是归类，即把这本文献归入文献分类法的体系当中，给它一个位置和对应的分类号。

2. 主题标引

文献主题标引工作，是从文献主题，即从文献资料研究、论述对象的主题概念角度揭示文献的内容。主题标引的方法，也被称作主题法。主题法是图书馆中揭示和组织文献资料的一种手段。它和分类法一样，都是从文献资料的内容出发，去揭示图书馆的文献资料，但二者角度不同。文献分类法主要依据文献内容的学科性质，以类目名称和分类号来揭示和组织文献资料，分类法体系是建立在学科分类的基础之上的。主题法是根据文献内容所涉及的主题概念，以主题词来揭示和组织文献资料的。主题是文献资料所阐明的主要问题和对象，用规范化的自然语汇把主题概念表达出来，并按照语词字顺排列主题概念标识，用参照系统显示概念之间的关系。这种规范化的词汇就称之为主题词。

主题法有四种类型，即标题词法、元词法、叙词法和关键词法。主题法的作用是把同一主题、不同学科的文献集中到一起，并具有多途径检索的长处，易于满足读者按特定需要查阅文献的要求。从文献主题词的角度检索文献，可以查出分散在不同学科领域的、有关同一主题的作品和文献。

3. 文献著录

分类和主题是揭示文献内容特征的主要手段，文献著录则是揭示文献形式特征的主要手段。所谓著录，就是在编制文献目录时，对文献的内容和外部形式特征进行分析、选择、描述的过程。要求能够依据该形式特征准确无误地确认该种文献，以提供查找文献的准确线索。

文献著录的主要作用有两点：一是生成和组织书目记录（目录），提供检索入口。每条书目记录（目录）都对应着一份或一组特定的文献。检索入口是用来检索书目记录（目录）的描述事项，如著者姓名、题名、主题词、分类号等。这样的检索入口不仅可以帮助用户较快地检索出已知的具体文献，而且可以集中检索出一个作者的所有作品，一部作品的所有文献，或一份文献的所有版本。二是帮助用户确认和获取文献，即帮助用户确定查出的文献是否满足其需要，内容是否相关，载体是否合适，版本是否正确等。

4. 文献编目

图书馆目录是揭示馆藏文献，从不同角度进行记录，并按照一定的次序编制而成的，用以揭示和报道馆藏文献的工具。通过它可以使图书馆的用户了解馆藏，并检索到所需要的文献；图书馆目录还是宣传文献，指导用户阅读的工具，也是图书馆有效管理的工具。

计算机编目与传统的手工编目有很大的不同。在计算机编目中，文献目录是通过目录数据库中的一条条题录记录（也叫书目数据）来体现的，每一条题录记录反映一种文献。在每一条题录记录中，反映该种文献内部和外部特征的是记录中的各个字段和子字段，如"题名"字段、"责任者"字段等。按照不同的字段可以组织成"题名"索引、"责任者"索引等。

为使计算机编目的目录数据库中的各个字段的著录质量得到保证，人们对于机读目录的格式制定了标准。机读目录的文献著录格式称作 MARC，在我国译作"马克"。图书馆自动化集成管理系统中的编目子系统一般采用窗口形式向编目人员提供有关著录字段的标识，编目人员将待编文献的信息著录在相关字段的空格中，每一种文献的信息构成书目数据库中的一条书目记录，众多的文献目录记录就构成了图书馆的文献目录数据库。

（四）文献组织

文献收集到图书馆，经过登录、分类标引、主题标引和描述著录之后，就要移交给典藏部门。典藏部门要根据本馆书库、各阅览室及其他部门的需要，对文献进行合理的分配、组织和妥善保管，这就是文献的组织工作，包括文献的划分、文献的排列、文献的保护和文献的清点等工作内容。

1. 文献划分

文献划分，也叫书库划分或藏书的布局。它与馆藏文献的划分是紧密相连的。大型图书馆总是把所藏全部文献资料划分为几个不同的部分，例如，图书与期刊、缩微文献与光盘文献、普通图书与古籍善本、常用书与不常用书等。在馆藏文献划分的基础上，组织成不同用途的书库。

大型图书馆一般设有基本书库，这是全馆的总书库。另外，还设有与服务机构相适应的辅助书库。有些大型图书馆，还根据出版物类型的特点和特殊用途单独设立特藏书库。为了保存馆藏文献和满足用户的急需，有些馆还将每一种图书抽出一册作为保存本，并设置保存本书库。保存本除特殊需要外，一般不外借，仅特殊需要者在馆内查阅。而对于中小型图书馆来说，则没有必要设置普通书刊的保存本，但对于地方文献等特色馆藏为保持收藏的完整性，可设保存本。

2. 文献排列

图书馆文献都应按照一定的方法，科学、系统、合理地依次排列在书架上，以便于迅速提取和整理。

在长期的实践中，图书馆针对不同成分、不同类型文献的特点，采取了不同的排架方法。一些规模较大的图书馆，依据馆藏数量、特点、流通率、读者需要和图书馆的具体条件，经常同时采用多种方式排列藏书。

藏书排列的方法归纳起来有三种类型：分类排架法、固定排架法和顺序排架法。

3. 文献保护

文献保护是图书馆馆藏文献管理的基本任务之一。文献保护是一门专门技术。对于纸质的图书报刊来讲，包括书刊装订、修补、防火、防潮、防光、防雷、防虫、防鼠、防丢失、防破损等；对于缩微文献、声像文献、光盘文献等，其保管条件要求更为苛刻，通常要求在恒温、恒湿的条件下精心保存，才能有效地延长其使用寿命。此外，文献保护工作还包括馆藏清点，清点过程也就是检查馆藏文献保护情况的过程。

二、数据库资源建设与管理

随着现代网络技术的迅猛发展，网络信息越来越丰富，特别是因特网的广泛普及应用，使人们获取有用信息的途径不再局限于到图书馆查阅有形的馆藏资料。传统图书馆概念开始向电子化、网络化图书馆概念转化，数字资源已经成为图书馆馆藏的重要组成部分。数据库的建设是实现图书馆数字化、自动化、电子化、网络化的基础工作，虽然有些基本的软件、硬件可以通过购买的方式实现，但是图书馆数据库的建设必须从各馆的实际出发，采取自建与引进相结合，进行长期开发才能够具有强大的生命力。

数据库在建库完成之后，应该及时更新和维护，才能充分发挥其为社会服务的作用。

（一）图书馆数据库的地位和作用

1. 数据库是社会信息化发展的需要

社会信息化对图书馆产生了巨大的影响，也带来了发展契机，是挑战和机遇并存。此时，读者需求产生了巨大的变化，需求各种各样，要求服务质量不断提高。因此，网络环境下数据库建设与信息服务越来越受到人们的重视与青睐。实现数字化图书馆就要有网络与信息，数据库是最好的信息资源。当今许多发达国家，将数据库看作是最具有生命力的信息基础产业。

在图书馆信息管理系统中，计算机技术和通信技术广泛地应用，方便了文献信息收集、加工、整理、传递和利用。数据库系统除了能直接提供一次文献，还可以通过多种检索途径实现信息、知识单元的查询、搜索，实现信息知识的重组，更能提高信息资源利用的层次，适应现代化信息社会的需要。

2. 数据库是数字化图书馆的核心

在现代化图书馆中，数据库已经是一种最基本的管理和传播信息的工具，它凭借着许多无与伦比的优势，得到了迅速发展。现代图书馆要为读者提供文献信息服务，满足他们快速检索和方便下载的要求，必须建立数据库。信息是图书馆自身"拥有"的，数据库的建设可以整理、保存信息资源，使分散杂乱的信息系统化、有序化和深层次挖掘，把静态的文献资源激活成为动态的信息流，提供给用户，发挥其应有的价值。

数据库是现代信息服务的基础，现代图书馆的主要职能就是利用数据库的文献资源进行开发和利用，为读者提供个性化、特色化的服务，从而深化图书馆的读者服务工作。可以说，不断加强图书馆馆藏文献信息数据库的建设，实现资源的数字化，是图书馆数据库建设的核心。

3. 数据库是资源共建共享的基石

现代图书馆应摒弃大而全、小而全的思想，一馆的资源毕竟有限，要保证数据库的全面性、系统性、完整性和技术性，必须整合社会的力量，实现资源共建共享。而数据库的建设是实现资源共享的保障，是文献资源开发及资源共享的必然结果。

（二）现代图书馆数据库建设

1. 数据库建设的原则

图书馆数据库建设应遵循以下基本原则，才能取得预期的建设效果。

（1）质量原则

数据库的开发建设是一项艰巨、复杂、细致的工作，需要投入很大的财力、人力和时间。因此，数据库建设首先应坚持以高质量为基本原则，一般是一次形成后永久保存，质量控制就要求数据库的建设做到标准化、规范化、准确化的完整统一。既要立足于本单位、本系统的应用，同时还要注意着眼于数据库资源的联网共享，它的质量标准直接影响到整个图书馆的服务水平。

（2）读者需求原则

建设数据库应遵循读者需求的原则，要有针对性，做到有的放矢，克服盲目性。适应读者的需求，就必须深入调查，针对读者群的构成特点、知识状况、层次进行数据库建设。如果数据库建库初始时就无细致的规划，那么资源的使用价值就不高，甚至有些数据将无任何利用价值。

（3）标准化原则

规范化、标准化原则直接影响着数据库的使用效果、存在价值和发展前景。因为，所建数据库一定要采用国家和行业标准，包括数据著录标准、数据标引标准及各种协议等，所以，在数据库的数据制作加工过程中，自始至终应严格执行所规定的各项标准及工作细则，以确保数据库的数据与原始数据的一致性，确保数据的准确性。

2.数据库建设的内容

图书馆数据库建设可以从自建数据库、引进数据库和电子文献采集等几个方面入手，开展数据库建设。

（1）自建数据库

①建立回溯馆藏书目数据库

回溯馆藏书目数据库是将本馆的卡片目录转换成机读目录，将文献信息存储在计算机的磁盘、光盘等介质上，使其成为电子化信息。自建馆藏书目文献数据库，是实现图书馆现代化、网络化最基本的数据库建设，是一项复杂的系统工程，是首要完成的基础性工作，它为图书馆文献服务提供检索的支持，也极大地提高了馆员的工作效率。馆藏期刊书目数据库、中文文献书目数据库、外文文献书目数据库等，工作人员通过各种卡片与实物一一对应建立，并由校对与验收人员进行把关，保证了各个书目数据库的正确性、准确性与可靠性。此数据库系统地、全面地揭示馆藏资源。这些书目数据库的建立更好地为科研生产提供优质、快捷、方便的服务，减少科研人员来回奔跑于图书馆的时间，提高他们的工作效率。

②建立特色数据库

数据库建设应该寻求特色化，图书馆在充分利用自身馆藏特色基础上建立起来的独具特色的、可共享的文献信息资源库，做到"人无我有、人有我优、人优我特"，否则将失去竞争力。在建立特色数据库之前，要进行全面调研，避免重复建设、浪费资源等弊端。特色数据库可以从本馆现有信息资源结构特征和重点学科特色等方面入手，或可以根据特定用户群的信息需求，以重点学科为导向，深入挖掘本馆馆藏资源优势、多方面有效开发及整合知识，建立具有本馆特色、内容丰富、类型完整、层面深入的数据库，为用户提供"个性化"高效率的信息服务。

③利用网络信息建立数据库

因特网上的信息资源极为丰富，而且增长速度快，完全可以成为各馆信息资源建设的一个重要来源。网络上有各种专业网站、综合网站等，提供了许多全文刊物、会议论文、学术报告等，都可免费获取，能对本馆数据库进行补充和更新，既节省了财力，又扩大与丰富了本馆的信息资源，从而进一步满足读者的需求。

（2）引进数据库

选择性购买适合本馆服务需求与特色的各类型数据库，这样虽然投资大，但能节约大量时间和人力，加快完成与丰富图书馆数据库建设。

（3）电子文献采集

随着计算机技术、信息技术的高速发展，图书文献的数字化出版与传播越来越快，电子图书、网络文献资源越来越多，深受广大读者的青睐。近年来，超星数字图书馆发展迅速，拥有电子图书上百万册，每册电子图书仅售几元钱。

图书馆馆藏应由一般的印刷型向多载体方向转变，加强对电子版专业文献的收藏比重。普通电子出版物，应侧重于各类光盘数据库的收藏，以收集一次文献信息数据库为重点，充实馆藏。在条件具备的情况下，应优先收集电子型文献，因为此类数据库涵盖面大，文献线索完整，检索速度快，便于加工与管理。

（三）图书馆数据库的维护

图书馆自动化集成管理系统在使用的同时，也需要精心维护，才能确保系统安全运行，有效地发挥作用。

1. 加强图书馆自动化集成系统的管理

在图书馆自动化集成系统管理中，软件的选择、安装与升级及建立一套严格完整的管理制度，是保证系统运行的重要措施，必须予以高度重视。

（1）选择适合本馆使用的软件安装；（2）服务器应选择有双硬盘备份、安全性能可靠、运行稳定的；（3）要定期对服务器和客户端的操作系统、文献管理集成系统下载升级程序或漏洞安全补丁进行必要的升级与加固，以加强操作系统的安全保障；（4）在图书馆自动化集成系统管理中，为各类用户设定账户，明确不同用户的使用权限，通常情况下，系统管理员设为高级用户，可以进入数据库中进行修改和存储等功能的操作，其他馆员为权限低一级的用户，只能在集成系统中修改和存储所录入的记录，无权进入数据库进行操作。这样能防止非法用户使用和篡改书目数据，防止图书馆数据的丢失与破坏；（5）可限定对数据库访问的 IP 地址范围等。

2. 数据库更新和维护

由于科学技术的发展日新月异，每天都会有许多新的信息产生，因此要经常对数据库进行更新，才能保持数据库的生命力。图书馆在完成数据库的建设后，经常与读者沟通，认真听取使用中的反馈信息，及时修改和整理，不断地补充完善，对新到馆的图书、资料实现数字化后及时添加到数据库中，让读者尽早获取新信息。

3. 备份制度

建立和健全每天备份制度是图书馆局域网健康运行的重要环节，它涉及图书馆本身数据的完整性。系统由于各种原因有可能发生系统崩溃或数据遭到破坏，为防止数据的丢失，系统管理员应坚持定期为数据库备份，平时做好系统中各种日志的备份工作。一旦系统和数据库出现故障，备份的数据可以及时恢复系统与数据库。数据备份的具体方法：（1）装配备份服务器或使用足够大硬盘的计算机，预防主服务器意外情况发生。（2）定期将备份的数据刻录光盘保存。（3）每天检查系统中的日志备份。

4. 数据库安全

防火墙和杀毒软件的使用与管理是对图书馆网络系统安全起到最基本的防护措施之一。防火墙是非常有效的网络安全设备，可以检查、筛选、屏蔽所有来自外网或内网的传输信息，可以防止有人对系统的蓄意破坏，确保系统安全。有条件的图书馆可以根据本馆的实际情况选择合适的防火墙形式和种类，服务器至少应安装一种具备 24 小时实时病毒监控的杀毒软件，并将各项功能设置成被激活状态，而且必须保证在第一时间升级更新，杀毒软件升级时，最好做到服务器与客户端同步更新，使病毒库保持最新。

三、信息资源的整合与管理

（一）图书馆信息资源的组织

1. 图书馆信息资源的构成

图书馆的信息资源主要包括：图书馆 MARC 格式目录库所反映的现实馆藏资源；图书馆自建的学位论文数据库、特藏资源数据库；图书馆购买的拥有使用权限的联机数据库或者安装在馆内的镜像站点；图书馆订购的光盘数据库；图书馆通过网络获取的电子虚拟馆藏。这些资源载体不同、类型不同，既包括印刷型又包括电子型，既有一次文献，又有二次、三次文献。不同类型的资源有不同的检索程序，不同的电子资源数据库也有不同的口令、密码及使用方法。

2. 图书馆信息资源建设

随着计算机网络技术的不断发展，信息资源已成为图书馆的重要组成部分，信息资源建设成为衡量图书馆实力的重要指标。信息资源建设是图书馆赖以存在的物质基础和保证，信息资源的质量和体系建设的优劣直接影响着图书馆信息服务的水平和效率。现阶段，信息资源建设主要包括纸质文献资源建设、数字文献资源建设和网络信息资源建设三个方面。

（1）纸质文献资源建设

传统的纸质文献资源是图书馆长期发展而积累下来的重要资源，具有很好的稳定性、准确性、权威性，是所有信息资源发展和建设的重要基础。为了实现纸质文献的最大化利用，应促进馆际合作，针对各馆原有馆藏特色或者用户需求，在资源建设过程中有针对性地进行采购，必要时可以在馆际间实行馆藏流动合作，避免馆藏资源的重复建设。为了达到优化馆藏资源的目的，应组织传统图书馆成员统一进行文献采访，根据用户偏好、学历背景、学术背景、文献质量等多个方面向学科专家广泛征求意见，以保证资源采访的准确性，增强资源采购的针对性，满足用户群的个性需求。

（2）数字文献资源建设

数字文献资源包括书目数据库、数字化纸质馆藏数据库、各类数字出版物（音像制品、电子图书、电子期刊、电子报纸等）多种资源类型，其中数字出版物采购过程中同样需要严格准确地把握资源的针对性、可靠性、权威性、兼容性，统一调配采购，既要避免资源的重复建设，也要保证数字资源的系统性、完整性。区域图书馆联盟在参考传统图书馆管理体系以及国家相关技术规范的基础上，制定本地化数字资源的建设方案，特别是书目分类标引体系、纸质文献数字化标准、数据库建设规范、数据库安全管理规范、数字资源共享传输协议等，以实现区域数据库联网建设及共享。同时要统一协调数字文献资源选配，根据成员馆资源建设需求，经过充分论证、协商，集中采购商业数据库或者数字文献资源，实现资源优化配置。

（3）网络信息资源建设

网络信息资源具有分布广、增长快、数据标准不一、信息源不规范、内容丰富繁杂、检索方便快捷、时效性与实效性强等特点，想要准确、快速、高效地搜集、整理和分类权威可靠的网络资源，特别是网络学术资源，对图书馆来说是一个庞大而艰巨的任务。因此应合理安排各成员馆的资源与任务，实行分工协作，共同建设可靠的网络信息资源数据库。

（二）图书馆信息资源整合

整合是整理、汇合、聚合、融合的意思，一般理解为将看似无关、实则有关的东西整理为一个有机整体的过程或结果，形成一个有效的系统。

1. 信息资源整合

信息资源整合是指信息资源优化组合的一种存在状态，是根据系统的原则，依据一定的需要，对各个相对独立系统中的数据对象、功能结构及其互动关系进行融合、类聚和重组，重新组成一个新的有机整体，形成一个效能更好的、效率更高的新的信息资源体系，从而全方位地为科学研究、决策提供信息保障。这里的信息资源指的是经过一定程度加工整合过的，一个个相对独立的、不同类型、不同学科的数字资源系统，不包括网上无序的和自身没有控制的数字信息资源。这个概念逻辑性强，组织严密，目标明确，全面、完整、准确地揭示了信息资源整合的丰富内涵。

2. 信息资源整合原则

图书馆信息资源整合可以概括为遵循一定的原则、规范、标准，把图书馆范围内的资源，无论是网上虚拟资源还是馆藏书目资源，或是自建数据库等多种载体、多种形式、分散异构的信息资源有机地结合在一起，实现图书馆所有资源分编流通工作的融合，使用户能够在统一的数据存取模式下通过统一的用户界面完成对不同数据库和网络资源的检索。若要更好地实现图书馆信息资源的共享，首先要对图书馆信息资源进行合理的整合。信息资源整合的目标就是将各种载体、各种来源的信息资源，依据一定的需要，进行评价、类聚、排序、建库等加工，重新组合成一个效能更高的信息资源体系，使人们能够通过统一的检索平台查找和浏览相关信息资源，更有效地利用信息资源。信息资源整合对各种渠道信息的收集整理，提高读者检索效率以及对资源的统一管理有着非常重要的作用。通过信息资源整合还能很大程度上节省资源购置经费；满足读者对信息共享和个性化的需求，提高读者的信息利用率；有效地避免资源重复浪费，更好地为读者服务。

图书馆信息资源整合包括数据整合和知识整合。数据整合就是指信息资源在逻辑上或物理上的合并。这种形式仅表现为信息资源数量上的变化，数据之间并没有关联，为表层的整合。数据资源整合的许多数据资源仅仅是经过了简单汇聚而成，并且形成真正的知识源可供研究人员利用。图书馆承担着提供知识查询的手段和知识组织整理的责任。知识整合就是在数据整合的基础上对信息资源的更进一步、更深层次的优化、整合，也称为应用层整合。它是通过对某学科数字资源的分解重组，按知识体系的关联性、主体性组织成网状相互联系的知识资源整合系统。这种整合模式能使不同领域的知识体系化、结构化，重新组合成为一个新的共享的有机整体，形成一个效能更好、效率更高的新的信息资源体系，为实现资源的整体化、一体化的共享奠定基础，以达到信息资源共享的目的。

图书馆从传统的纸质文献为主的采集策略逐渐转向面向用户需求、以数字资源为主体的多元化、开放性知识保障格局，其内涵和外延已经发生了深刻变化，不断加强知识服务功能是图书馆面向未来的新的挑战。如何使异构的知识能够互通有无、交换共享，这就需要进行对现有信息资源中的隐性知识进行知识发现和知识的组织、改造、挖掘，包括深层次的数据挖掘、文本数据挖掘、文档数据挖掘等。基于知识体系的资源整合，就是创新知识的过程，就是对信息资源进行科学的计划、组织、协调和揭示，从而有效地保证知识组织目标的顺利实现。

（三）图书馆信息资源整合的原则与分类

1.信息资源整合的原则

（1）完整性

图书馆的信息资源整合必须注重信息的延续性和完整性，要科学地反映出信息资源发展变化的特点和规律。

（2）标准性

信息资源的标准化建立，是信息资源管理的尺度和依据。图书馆信息资源的整合必须遵行国家颁布的数据化标准来严格进行信息建设，才能充分发挥出信息资源的巨大能量，起到促进技术进步，提高生产力的最终目的。

（3）发展性

任何学科门类的知识体系都是人类认识世界的成果结晶，是经过不断探索、积累、发展，才逐步形成的一套完整的科学知识体系。因此对某学科的信息资源进行系统的组织、加工时，就必须注重学科信息资源中的联系性，整合后的信息资源要能完整地反映出学科知识的发展体系。

（4）实用性

实用性是实现信息资源整合的重要目的。针对本地区经济、文化建设的方向和重点，着重采集符合本地区经济建设和文化建设的现实需求和长远需求的各类信息资源，既保证重点用户的信息需求，又要兼顾一般用户的信息需求。

2.信息资源整合的分类

（1）按照图书馆信息资源整合的区域位置划分

①国家范围内图书馆界信息资源整合

这种整合类型也可称为宏观意义上的图书馆信息资源整合，涉及全国范围内各个地区图书馆界广泛意义的协作，信息资源从采购到利用各个环节统一协调、统一标准，实现国内图书馆界的互通有无、资源共享。

②地区范围内图书馆信息资源整合

在信息内容和信息服务方面，由于缺乏统一的领导和协调，造成很多地区出现了在同一区域内各个图书馆网络系统间资源开发分散、重复现象严重，处于互不相同、相互独立的局面。

③单个图书馆范围内的信息资源整合

指的是图书馆作为独立的个体进行的信息资源整合，这种整合具体表现为跨库检索、学科导航、学科馆员制等。

（2）按照图书馆信息资源整合的深度划分

①浅度信息资源整合。指的是多个馆藏的简单相加，没有进行深度融合。

②中度信息资源整合。即对相关数据库内的数据对象去除重复信息的整合，提供给用户的不单是统一的查询界面，而且是不重复和高质量的信息。

③深度信息资源整合。这是图书馆基于知识管理理念的深层次用户服务。打破各个数据库数据资源的分割局面，按照知识单元组织信息提供给用户。信息资源整合程度越深，用户吸收和利用信息的效率越高。

（3）按照资源涵盖范围划分

①学科综合性信息资源整合。包括自然科学信息资源整合、社会科学信息资源整合、人文科学信息资源整合、工程技术信息资源整合等。

②学科分散性信息资源整合。包括几个专业信息资源的整合。

③学科专业性信息资源整合。仅包括一个学科专业的信息资源整合。

（4）按照文献加工程度划分

①全文型信息资源整合。即一次文献的整合。

②检索工具型信息资源整合。即二次文献的整合、三次文献的整合。

③混合型信息资源整合。包括一次文献、二次文献、三次文献混合整合。

（5）按照资源类型划分

①图书资源的整合。

②期刊资源的整合。

③报纸资源的整合。

④会议论文的整合。

⑤各种资源混合型整合。

（四）图书馆信息资源整合的模式

1.跨库检索技术模式

跨库检索也被称为联邦检索、多数据库检索、集成检索、统一检索等。但究其原理，都是基于跨库检索系统的整合，以多个分布式异构数据库为整合的对象，整合后系统为用户提供统一的检索界面和信息反馈，从而实现多个数据库的同时检索。整合后的界面没有自己的资源数据库，它仅仅是建立一个代理界面来接受用户的检索请求，并将这些请求转换成相应的数字资源系统方法和检索语言，再把各个资源系统返回的检索结果进行排序和整合。这种整合方式避免用户逐个登录数据库、输入检索条件，提高了用户获取信息资源的效率；检索的结果以统一的格式、统一的标准排序，方便了用户的浏览和选择。但是由于技术的原因，检索时只能利用源数据库共同或相似的检索模式，源数据库有特色的检索模式可能无法利用，不支持高级检索，查准率和查全率较低。当前，在跨库检索系统开发方面，全球都有一些实践推进。

2.OPAC技术模式

OPAC技术模式简单而言可以理解成数字化的网络图书文献资源目录，这往往是用户利用图书馆资源最常见的方式。这样的整合模式以联合目录为基础构架，依托于图书馆管理系统，显示所有本馆书目和其他馆、机构所藏书目资源，并以统一检索入口的方式向用户提供服务。从技术原理来看，这种整合模式解决了实体馆藏资源和数字资源的对接问题，用户不需要熟悉新的系统和检索方式就可以利用外馆的数字信息资源。但是对于数据结构和通信协议存在差异的数据库之间的整合无能为力；由于人力、物力和知识产权等问题的限制，实现全面信息资源整合的可能性较小；电子资源的链接地址也不能随意更改，系统维护成本较高。国外本领域的实践已经进入新的多媒体跨库整合的层面，我国也在这方面进行了很多有益的探索。我国国家图书馆的联机公共目录查询系统，也是基于OPAC开发的统一检索平台，整合了馆藏的中文、特藏、外文文献数据库，向用户提供便捷的服务。

3.资源导航技术模式

资源导航是由专业人员利用相关信息方法、软件、系统和平台，对网上开放存取的有价值资源进行收集、描述、分类、重新组合，开发出更方便利用的方式，甚至还可以提炼出更有价值的深层次信息。从流程上而言，以学科学术资源导航为例，首先是通过网络信息搜索工具获得相关的信息条目，依照学科主题进行分类，再依据分类从目标开发存取数据源抓取信息，经过滤整合存储，依照一定的格式，形成网络学术资源导航库，提供给用户使用。当前还有学者就 CIT 在信息资源导航中的应用和网络灰色文献资源导航等方面进行了深入研究。国内的大型资源导航门户以 CALIS 开发的重点学科网络资源导航门户为代表，其整合了国内哲学、经济学、法学、教育学、文学、历史学、理学、工学、农学、医学和管理学等重点学科的重要研究机构的网络资源，提供分学科门类和一站式检索服务。

4.动态信息链接技术模式

信息链接，即采用一定的技术手段，如超文本链接技术，将信息实体间及信息实体基本属性间的内在关系组成一个有机统一体的资源整合方式。基于信息链接的整合是通过超文本链接机制，将存在于异构资源系统中的信息实体及信息实体基本属性间的内在关系整合起来，组成一个有机的信息网络。链接技术有静态和动态两种，动态链接由于能够随着链接环境的改变而做出调整，避免了死链接问题，在当前引发了大量的探索。

5.学科信息门户应用模式

学科信息门户是一种网络信息组织工具，也是图书馆实现学术信息资源整合的一种重要方式。它是在网络信息资源飞速增长的情况下，将特定的一个或多个学科领域的资源、工具和服务集成，为学科信息用户提供更为方便和快捷的检索和服务接口。学科信息门户具有以下特点：一是以学科信息为主要服务内容的服务体系，二是高度集成和更新迅速的服务体系，三是以有针对性地提供关于学科信息资源方面的解决方案为目的的服务体系，四是以智能化为重要特征的服务体系。我国最具代表性的就是中国科学院国家科学图书馆按照学科特色并参照相关的国际标准分类开发的"图书情报学科信息门户"等五个学科信息门户。

6.合作数字参考咨询应用模式（CDRS）

合作数字参考咨询服务是一种以用户为导向的信息资源整合和服务模式，它是在多媒体技术、网络技术等信息技术高速发展的背景下，依托网络基础设施，由多个图书馆和情报机构共同协作，在各个部门资源和服务优化重组的基础上，突破时间、地域、语言、系统等外界障碍，通过网络数字参考咨询平台为用户提供的一种分布式的虚拟参考咨询服务。这种整合方式大大增加了服务系统后台的学术资源，形成了成员馆之间的优势互补，最大限度地提高了信息资源的利用率，实现了信息资源、智力和服务的共享。由于克服了时间、地点和语言的限制，服务的领域更加广泛；用户能和咨询专家实时交互，需求得到充分表达，使得咨询更具时效性和针对性。但是由于平台相对简单、回复速度较慢、参考咨询人员水平素质不齐、宣传力度不够等问题，给用户对系统的使用带来一定的不便。

（五）图书馆信息资源共享平台建设

1. 馆藏信息资源数字化平台建设

依托图书馆现有馆藏图书书目数据库，加强馆藏纸本信息资源数字化建设，逐步实现馆藏纸本资源的数字化，建立馆藏图书、期刊等信息资源全文数据库。同时，实现馆藏其他非数字化特色资源的数字化建设，包括检索科技成果全文数据库、非书资料（音频视频）数据库、数字档案信息数据库、教师著作数据库、学生学位论文全文数据库等。通过馆藏信息资源数字化建设，将馆藏非数字化纸本信息资源数字化，使得用户不用到图书馆也可以直接得到所需文献全文信息。引进专业信息资源数字化加工软件及大容量存储设备，采用元数据索引技术，加强数字信息资源的整合与利用，提高资源加工标准，保证信息资源数字化建设的高标准高质量，建立高标准的数字信息资源加工基地。

2. 数字信息资源服务平台建设

围绕数字信息资源，加强数字信息资源服务体系建设，健全和完善数字信息资源服务的制度，拓宽数字信息资源服务范围，改革数字信息资源服务模式，彻底淘汰传统的坐等用户上门的被动服务。将图书馆各类型信息资源进行整合，构建图书馆统一检索平台，开发馆藏信息资源统一分类导航，实行一站式跨库检索，使得用户可以一次完成不同类型、不同数据库的文献信息资源检索，代替用户逐个登录数据库检索的烦琐，大大节省用户检索时间。通过构建个性化服务平台，可以有针对性地为单一用户开展个性化专业服务，如学科热点前沿问题报道、本学科会议展览召开信息等，为用户构建个人数字图书馆，用户通过个人数字图书馆就可以全面掌握本学科专业相关最新信息。采用移动云计算的架构，构建图书馆移动服务平台，与现有数字图书馆保持一致性和无缝性，实现用户利用手机等移动上网设备对各类信息资源进行统一检索和全文访问。通过图书馆移动服务平台还可以设置个人空间与图书馆 OPAC 系统的对接，实现了馆藏查询、续借、预约、挂失、到期提醒、热门书排行榜、咨询等自助式移动服务。并可以自由选择咨询问答、新闻发布、新书推荐、借书到期提醒、热门书推荐、预约取书等信息交流功能。

3. 数字信息资源共享平台建设

在尊重知识产权的基础上，充分利用数字信息资源的无限复制性，构建数字信息资源共享平台并开展数字信息资源共享服务。通过远程登录、实时咨询、代办代查等方式，开展参考咨询、定题服务、文献传递、馆际互借等共享服务，为用户提供信息服务。

第二节　图书馆的物力资源管理

一、图书馆物力资源

（一）图书馆物力资源分类

与侧重图书馆中"人"的人力资源不同，图书馆的物力资源侧重的是图书馆中的"物"，包括图书馆中的一切客观存在物，小到图书馆的每一个文字和符号，大到整个图书馆的场馆建筑。根据资源的特点和发挥的作用，可将图书馆的物力资源分为传统性资源、现代性资源和辅助性资源。

1. 传统性资源

传统性资源是图书馆中最原始、最基本的资源，它一直存在于传统图书馆中。所谓传统图书馆，一般是指现在所熟悉的拥有丰富的藏书量和其他文献资料，进行手工借阅和管理的，读者需自己到馆内进行借阅的图书馆。随着社会的发展，存在于传统图书馆的传统性资源也被转移到现代的复合型图书馆中，主要包括不同学科知识的经典名著、一般著作和最新专著，各种不同类型的期刊、研究成果集刊、论文、工具书以及各种年鉴，它们具有一个共同的特点，就是都是纸质型文献资料。

2. 现代性资源

20 世纪末图书馆现代化的进程始于图书馆自动化，在这个进程中，随着技术的不断改进和革新，先后出现了电子图书馆、数字图书馆、虚拟图书馆等概念。它们都是计算机技术、多媒体技术、网络技术和其他相关技术发展的产物。运用当代信息技术，对文献信息资源进行采集、整理和储存，构成了现在图书馆中的电子文献和电子出版物。另外，利用现代网络技术，图书馆创建了各种各样新的服务平台。这些跟随图书馆现代化进程脚步而产生的资源可以被称作图书馆的现代性资源。

3. 辅助性资源

除了前面提到的两种资源，图书馆还包括其他的一些元素，如图书馆的大楼、自习室、阅览室、资料室等。还有图书馆内物品的陈设与摆放、张贴的字画、制作的宣传展板、个性化的寓意和象征设计等，都是图书馆拥有的资源。它们不像传统性资源和现代性资源那样具有明显的存在价值，但它们对这两种资源价值的发挥具有重要的辅助作用，因此，可称之为辅助性资源。它们给用户提供了一定的情境，是存在于图书馆中的一种隐性资源，会对用户产生一种潜移默化的影响。

（二）图书馆物力资源建设

根据现代社会发展要求、用户需求和图书馆的发展状况，图书馆各种物力资源的自身建设主要表现在要发挥传统性资源的人文优势、现代性资源的知识传播和平台建设功能以及辅助性资源的情境强化功能。

1. 发挥传统性资源的人文优势

传统性资源使图书馆一直都存在一种人文底蕴，在崇尚科学主义、人们普遍具有功利化倾向的当今社会，发挥图书馆人文精神的塑造功能就显得越来越重要了，这也是很多专家学者所呼吁的。因此，那些认为传统性资源将退出历史舞台的观点是站不住脚的。在新的历史条件下，需要发挥传统性资源的人文优势，必须注重对它们的整理、保存、激活与创造。

对每一个具体的图书馆来说，人文优势最直接的发挥就是体现在吸引更多的用户参与纸质型阅读，通过阅读，提升用户的精神内涵，并进行个人的人文精神塑造。

2. 发挥现代性资源的知识存储、传播和平台建设功能

知识的存储和传播方式的变革是与人们需求的变化相伴而生的。在现代社会，为了学习、科研和生活服务的方便，人们更多的是利用网络技术来获取知识。为此，图书馆应根据其自身情况尽可能地拓宽路径，增加网络信

息访问平台，为用户提供尽可能多的现代性资源。同时，为用户的访问提供技术支持。另外，以现代网络技术为基础的现代性资源在图书馆中还发挥了重要的管理与服务平台建设的功能，比如，图书馆馆员对文献资料进行管理的网络信息平台，读者所拥有的个人数字图书馆平台、图书馆资源推广平台，以及图书馆开展参考咨询服务的网络平台等。为了更好地进行管理和提供服务，图书馆必须加强新的管理和服务平台的建设。

3. 发挥辅助性资源的情境强化功能

用户在进入一个图书馆之后，首先会经历一个对其整体环境进行审视和考虑的阶段，当其符合自己的心理需求或者与自己的意义世界建立起联系时，就赋予了这一情境以意义，从而强化他们在图书馆中获取知识的行为。这是图书馆中的隐性资源所产生的潜移默化的影响。为了最大程度地发挥情境的强化作用，必须重视图书馆的环境建设，使组成图书馆一定情境的辅助性资源经得起人们的审视和考虑，从而将图书馆塑造成一个舒适、宽敞，体现"人文思想"，书香味十足，以及具备一定文化氛围的知识殿堂。在选址上，图书馆要考虑外部环境的自然和人文氛围，同时在图书馆建筑外观、内部空间布局、设施、建设、馆舍布置上都可以赋予一定的象征意义，使图书馆具备一种强化读者接纳和吸收知识的情境氛围。

（三）图书馆物力资源的管理

图书馆物力资源的管理就是对各种资源进行整合，在这里借用企业资源整合的视角，从整合的过程来看，基于主次之分实现资源的最优配置。通过量的扩张和系统内部组织结构的调整，使系统从一种运行状态向另外一种更有效益的运行状态转变。根据这一思路，图书馆的资源整合应该从整合的总体框架设计和整合的具体模式构建两方面入手。因此，对图书馆的物力资源提出"一主两翼"的嵌入式整合模式。

1. 以用户需求为导向的"一主两翼"模式

以用户需求为导向的"一主两翼"模式就是图书馆根据用户的需求，以现代性资源为主轴，以传统性资源和辅助性资源为两翼的模式对物力资源进行整合，这是对图书馆物力资源进行整合的总体框架。用户需求服务的内容与行为对图书馆是有直接影响的，图书馆资源整合要考虑用户的信息获取平台偏好与服务需求内容的偏好。从需求内容的角度来讲，用户主要是想方便、快捷地检索到服务于学习、科研和生活的各种知识，显然现代性资源才可以满足这一要求。

用户的需求偏向导致图书馆中的现代性资源成为知识存储和传播的主要途径，从而使现代性资源应该成为图书馆发展的主轴方向，需要不断在平台建设、知识提供、技术革新上满足用户的需求。但是传统性资源的人文优势和辅助性资源的情境强化功能同样是图书馆必不可少的。其对主轴具有重要的支撑作用，可以看作图书馆物力资源建设的两翼。缺少了两翼的现代性资源，就只构成了研究者们提出来的虚拟图书馆或数字图书馆，其会使图书馆的建设落入了功利主义和技术主义的片面化倾向。

2.物力资源的嵌入式整合

三种物力资源在图书馆中具有不同的功能。但是它们并不是单独发挥作用的，在"一主两翼"的主框架下，需要采取嵌入式的整合。具体可以表现在利用用户的平台偏好将一些纸质文献转化为电子文献，提升经典传统性资源的推广度，也可以将一些用户需求比较大的电子文献转化为纸质文献，吸引更多的用户到图书馆进行纸质阅读，提升用户的阅读素养。另外，著名书法字画等传统性资源嵌入辅助性资源中可以提升图书馆的人文氛围。拥有现代技术的现代性资源嵌入辅助性资源中可以营造舒适、优美、适合现代用户需求的阅读环境。而图书馆中的个人数字图书馆终端、查询终端、咨询服务终端、电子屏幕中的图书可利用各自平台进行相互嵌入式整合，如图书馆利用其官方微博、微信公众号、QQ群等形式对图书馆的传统性资源和辅助性资源进行推广和介绍，图书馆指南、手册，以及宣传展板、悬挂的书画也可以同样对其他资源进行推广和介绍。通过相互的推广和介绍，各种资源的利用率都得到了提高，穿插在其中的人文培养、知识提供和情境强化功能也会得到提高。从而推动整个图书馆系统处于一个更高水平的运转状态，这种高水平的运转状态是通过产生良好的用户体验表现出来的，这也是图书馆物力资源建设所要实现的目标。

二、现代文献信息资源管理

（一）馆藏文献资源的管理

1.馆藏纸版文献资源的管理

图书馆收藏的纸版文献资源主要有中文、外文图书和报纸杂志两大类型。

（1）馆藏中文、外文图书的管理

在20世纪八九十年代以前，图书馆的馆藏文献是这样管理的：图书文献采购（采访）到馆后，先经过查点验收，然后进行分类编目及各种加工处理，然后交给流通服务部门。流通服务部门完成新书的排架、上架工作后，才能流通借阅。在图书的分编加工过程中，要手工印制两套纸质目录卡片。一套供公务使用，称为公务目录；一套供读者查询使用，称为读者目录。公务目录和读者目录可按照书名排列成书名目录，又可按照图书的分类号排列成分类目录。而且要有目录柜、目录室等设施。

进入20世纪90年代以后，随着计算机技术和网络技术在图书馆的普遍使用，图书馆的馆藏管理有了新的变化。图书文献采购（采访）到馆后，经过查点验收，然后进行分类编目及录入电脑、打印等加工处理，然后拨交给流通服务部门，进入流通借阅。图书的分编过程中不再需要印制纸质目录卡片，不再需要目录柜、目录室等设施。图书在经过分类编目、录入电脑后，即形成图书馆藏数据，读者使用电脑就可以查询图书馆的馆藏文献，而且可以通过分类号、书名、主题词等不同的途径来查询馆藏文献资源，十分方便。但是，这种新的现代化管理方式也有不足之处。比如说，一旦出现停电或电脑、网络故障，就不能查询馆藏文献，也不能进行分类编目、录入等业务工作。

随着以人为本的理念越来越深入人心，图书馆的馆藏管理也越来越体现出以人为本的人性化管理。很多图书馆过去是闭架借阅服务，现在改为开架借阅服务；过去只能在馆内阅览室阅览报纸杂志，现在很多图书馆实行图书借阅与馆内阅览一体化服务。读者可以在书库内随意地阅览各种馆藏图书。然而，全开架的管理和借阅服务方式虽然方便了读者，却让管理工作量增加了很多，图书的破损和流失率也是比较高的。因此，在图书馆馆藏文献资源管理工作中，为了既便于读者借阅和阅览，又有利于管理和保护馆藏文献资源，降低馆藏图书的破损和流失率，图书馆应该实行有限制的开架管理和借阅服务。比如说，应该规定一个库室内最多同时可以接待多少读者，而不是无限制地像在超市里那样，到处都塞满了人，因为图书馆毕竟不同于超市。此外，有些珍贵的文献资料，比如珍本、古籍善本图书等，不应该开架借阅和阅览。有些复本量很少的图书也不应该开架借阅和阅览。因为复本量很少的图书，如果开架借阅和阅览，一旦破损或流失，就成了图书馆馆藏文献难以弥补的损失。

（2）馆藏报纸杂志的管理

报纸杂志也是图书馆重要的馆藏文献种类。图书馆的报纸杂志一般是由图书馆的报纸阅览服务部负责订购和管理。所订购的报纸杂志到馆后，首先进行记录处理，然后上架供读者阅览。图书馆的报纸杂志一般都是开架管理，馆内阅览。当一年的报纸杂志到齐以后，经过整理和登记造册，要么由图书馆自己装订，要么送到专门的厂家去装订。报纸杂志装订好以后，也要进行分类编目和录入电脑等加工处理，然后收藏在报刊过刊库内。报刊过刊一般可以开架阅览，但是通常不外借。

2. 电子版书刊文献资源的管理

目前图书馆的电子版书刊文献资源是很多的。图书馆的电子版文献资源，由图书馆采编部门采购（采访）以后，上传至图书馆的网页，读者只要登录图书馆网站，就可以阅览、利用这些文献资源。图书馆的电子版文献资源的管理，不需要多少人力和物力，读者只要有上网的条件，即可方便利用。

3. 光盘等各种音像文献资料的管理

图书馆还有光盘、录像带、磁带、幻灯片等各种馆藏文献资源。其中的光盘、磁带等，有些是随书发行，随书订购的；有些是单独发行，单独订购的。图书馆可以在专门的视听室为读者播放这些音像资料。当读者需要借用这些视听音像资料时，应该进行认真的登记，当读者还回这些文献资料时，应该进行认真的查验，以免这些文献资料受损。

（二）现代文献资源建设的原则

文献资源建设是一个长期建设和综合发展的过程，无论从国家整体发展状况或单体图书馆的发展情况，确立适宜的现代性文献资源建设的原则是做好图书馆工作的关键。

1. 针对性原则

图书馆文献资源的建设要有针对性，也就是说，要从读者的需求出发，读者需要什么，图书馆就提供什么，这是一条最基本的原则。尽管图书馆不可能满足读者的全部需求，但应保证馆中所有的文献资源都是读者所需要的，没有需求的资源不必建设。同时，只有加强文献建设的针对性，才能实现较高的文献利用率，避免文献资源的浪费。图书馆不应刻意追求馆藏资源的品种和复本比例、载体类型比例，而应当把关注点放在资源现实利用价值的追求上。

2. 特色化原则

在文献信息资源共建共享的背景下，特色化建设是图书馆应对现代挑战的最有效武器，如特色馆藏建设，以及特色服务方式。一个图书馆必须进行特色化建设，在某些领域形成独特的资源优势，形成具有本校特色的高质量的文献资源体系，才能在服务于高等教育的过程中充分发挥作用。而对于那些被放弃收藏的文献，可以通过共享途径，向读者提供获取的线索，或者通过馆际互借或文献传递的方式，来满足读者的需求。特色馆藏的建设不仅利于文献资源的合理分布，还可缓解文献购置经费短缺给图书馆造成的压力。

3. 整体性原则

图书馆被称为文献信息的中心，拥有浩如海洋的文献资源。图书馆根据服务对象与服务目标建设文献资源体系，通常，公共图书馆的文献资源体系是一个系统完整的分布式结构，而图书馆则根据自身学科发展而进行文献资源体系架构，图书馆在突出特点的同时，也应保证其体系的完整性。因此，整个文献资源体系要共同建设，协调推进。为避免重复采购、浪费资源，图书馆可达成联盟统筹采购，分工承担文献的收藏，逐步减少不必要的重复采购。具体来说，各个高等学校图书馆应结合本校学科发展，着重采购重点学科文献，其他文献的采购则通过协同工作，由其他图书馆进行采购，全面建设重点文献资源，形成一个布局合理、点面结合，能提供全方位、多元化便利服务的共建共享的文献资源体系。微观上看，一个图书馆应保证特色文献的系统性，以大多数读者需求为主，同时照顾特殊读者的文献需求；以主流观点文献为主，兼顾非主流观点文献；以主干学科文献为主，辅以分支学科文献、交叉学科文献、边缘学科文献；不仅要有系统完整的中文文献，还要有充足的外文文献；实现纸质文献与电子文献兼顾。

4. 发展性原则

社会不断向前发展，科学技术不断在进步，现代图书馆文献资源建设应随时代发展而不断自我发展，把握科学发展潮流，走在科学发展前列，这是时代发展变化对图书馆提出的要求。现代图书馆文献资源建设，不仅要认真考量当前科学发展现状，而且要对未来科学发展进行合理预判，如未来社会信息化进程、网络化进程等，还要考虑到社会的发展和读者需求的变化。图书馆的文献资源体系必须随着社会的发展和读者的需求变化而变化。为社会的发展提供文献信息保障，需要图书馆在进行文献资源建设时进行充分的调查研究，分析馆藏文献的使用情况以及读者的需求意向，不仅要掌握目前的现实需求，更要有一定的预见性，把握未来可能的需求，建立起有效的文献采集的动态调整机制。

5. 成本效益原则

坚持成本效益原则是指图书馆在文献资源建设中应合理使用经费，以最小的文献购置成本获取最大的使用效益。图书馆经费是有限的，而资源是无限的，图书馆若要将所有文献资源收入囊中是不现实的，因此图书馆在进行文献资源建设时应有重点。在资源采购前需对文献需求与利用进行调研，根据读者需求进行资源采购预算，及时调整和重构馆藏发展政策与馆藏体系。投入产出效益是文献资源合理构成和配置的依据，图书馆在进行文献资源建设中应该树立投入产出的效益评价观念，每年对文献建设进行成本效益分析，对于利用率不高的资源减少投入，已购置的资源不再重复购置，杜绝不计成本与效益的重复投资、资源闲置等弊端出现。

6. 最优化配置原则

为了充分实现图书馆的职能，发挥馆藏文献的利用价值，必须最优化文献资源的配置。因此，必须正确处理好宏观与微观、本馆采购与合作采购、馆藏价值与读者需求、收藏职能与服务职能、现实馆藏与虚拟馆藏等各方面的关系，使文献资源体系在明确的方针下向着优化、合理的方向发展。图书馆在建设文献资源时需同时考虑馆方完成文献建设任务的需要和读者偏好的需求，在对馆藏文献资源进行系统规划和合理配置时，一是要根据图书馆存在不同类型读者需求不同的情况，兼顾不同类型和层次的读者的不同范围、不同深度、不同目的的文献需求，建立起适合不同层次需求的最佳的文献资源模式组合；二是要考虑不同文献载体版本的优点及缺陷，实现各种载体文献资源的优势互补，开展特色数字资源建设和网络虚拟资源建设，整合实体资源与虚拟资源，形成统一的馆藏体系。应当把物理馆藏之外，通过共享网络可获得的虚拟资源看作本馆资源的补充。网络文献馆藏化和馆藏文献数字化的工作也是文献资源建设的重要内容。在文献的采集中应兼顾纸质文献、电子文献和其他载体文献，兼顾文献载体和使用权购买，保持重要文献和特色文献的完整性和连续性。

7. 共建共享原则

随着互联网的发展，文献数字化已不是梦想，而且正在改变着图书馆文献收藏的格局。数字文献的产生与网络互连为信息共享提供了保障。图书馆之间可以通过互联网将数字文献互通有无，图书馆之间的文献资源建设可以通过协作完成。世界各地越来越多的图书馆文献资源加入国际互联网络，图书馆通过计算机网络向其他馆和用户提供远程服务，同时也可以通过网络接受另一个图书馆的服务。文献资源的共建共享为图书馆减少了不必要的开支，将节省下来的资源用于开展新的服务。而这种不受时空限制、远程利用其他馆文献资源的服务方式，使传统图书馆的文献资源空间和服务空间得到拓展，全球资源共享已成为现实。图书馆在各自文献资源建设中加强协作，重点建设本馆特色资源，其他资源努力寻求合作，彻底改变那种封闭自守的状况。

8. 集团购买原则

集团购买是美国一些大学图书馆合作组织最早开始运用的，主张通过集团优势在购买中获得优惠价格。CALIS 在引进国外数据库时，也多采用集团购买方式，得到了相对优惠的价格。各地区图书馆可在相应区域内形成集团联盟进行统一购买，虽有少量重复，但在文献保障体系中级别较高的地区中心，图书馆之间的电子文献数据库的少量重复是难以避免的。同一地区的一般成员馆参与昂贵的大型数据库集团购买则要慎重，应当在地区协作网内按学科重点分别参加不同数据库购买集团，各自分摊共同购买全文数据库。

9. 扬长避短原则

图书馆的文献资源建设应以读者为主导，不能为建设而建设，应根据读者的需求、图书馆的服务目标、服务方式、读者的阅读喜好，以及不同载体类型文献的特点和图书馆服务的条件等，扬长避短，合理配置。尽管电子书越来越受欢迎，但纸本书的阅读习惯仍被大众保持，而期刊论文方面，读者则更倾向于使用电子版，电子版更便于科研使用。电子图书是未来图书的发展方向，图书馆可以重点建设电子资源，最大限度地实现共享，在有限资源的条件下，开展丰富的服务。只有扬长避短，充分发挥资源与服务的优势，才能实现应有的效益。

三、现代图书馆建筑和设施管理

（一）图书馆馆舍管理

图书馆馆舍管理主要指图书馆的建筑设计和各部门的布局。

1. 图书馆外部环境

这里所述图书馆外部环境主要指建筑物造型和地理位置的选择。

（1）图书馆造型设计

图书馆建筑要有自己的特色，既要满足功能上的需要，又要满足读者心理和精神上的需要。在考虑建筑设计时，既要避免采用商业旅游设计手法和片面追求豪华，又要给人以端庄大方、美观气派，具有时代气息和文化教育特色的感觉。

众所周知，当一个读者踏入图书馆大门时，首先被感知的是整个图书馆建筑造型和图书馆所处的地理环境，它是读者第一印象的蓝本。美国建筑大师路易斯康（Louis Kahn）提出：建筑物要满足人们的生理需要，更要满足人们的精神需要。他认为，建筑物如果只是牢固、实用，那就像工具一样，而建筑必须有思想、有性格、有美丽的容貌。从心理学角度分析，一个外部容貌美丽、有思想、有性格的建筑物造型，必然会引起人们的高度重视，并通过感官在认知的过程中产生良好的心理效应。首先，它带给读者的是一种美的享受，一种舒适的感觉。这种外在环境能刺激和诱发读者的学习热情，增进学习记忆和正确思考；其次，对图书馆工作者而言，在一个优越的环境里工作和学习，能产生一种自信感和自豪感，从而提高工作者的良好心理素质和业务素质。

（2）图书馆选址

有了优美的建筑物造型，还必须选择一个与之相适应的地理环境。选址有三个基本原则：一是方便读者前往；二是地势开阔、环境恬静、自然采光、通风良好；三是周围留有扩建空间。

关于选址问题，我国图书馆建筑传统上也非常讲究环境优美，如全国最有名、最大的中国国家图书馆就有"北海碧波映书楼"之美称。我国现代图书馆建筑也保持着"园中建馆""馆中有园"的特色。比如中国国家图书馆选址在北京紫竹院公园附近；深圳图书馆选址在该市荔枝公园旁；而浙江师大图书馆、西安交大图书馆等，不仅在图书馆周围设有绿化带、小花坛，而且在大庭院内配置造型美观的假山，种有翠竹并设有喷水池，景致十分优美，真可谓地点适中，环境优美，令人心旷神怡。

2. 图书馆内部环境

图书馆内部环境主要指阅读环境。而阅读环境设计的重点为视觉、听觉的环境设计。环境设计对于读者心理上的影响，以及各种心理现象的产生，视觉感知起着最基本、最主要、最直接的作用。

（1）视觉环境设计

在视觉环境设计中，光和色彩是视觉感受最活跃的因素。光的获得一般可通过自然和人工两种途径，前者称为采光，后者称为照明。如何使图书馆各个区域均能获得理想的光，特别是控制日光，是一个重要课题。在国内图书馆设计中出现了一些好的模式。如带中庭的坐向南北的图书馆建筑设计，这种设计可利用顶部大量的自然采光和通风的条件，符合现代化图书馆建筑的要求。实践证明，阅读环境中光照度的高低给人的感觉大不相同，光线明亮、光照度适当的条件能引起感官的兴奋与刺激，使人心情愉快。

图书馆利用天然光或人工光形成光环境，可创造舒适明亮的学习环境，从而发挥读者的视觉功效，保障视力健康和人身安全，振奋精神，提高阅读效率，满足生理心理功效及安全要求。图书馆窗的采光首先是根据建筑采光标准，规定采光系数，随后确定窗的形式、位置、大小、材料、构造。窗的位置、大小及室内空间布置特别影响室内的采光量，因而显著地影响室内光环境。色彩在人们生活中的重要性已毋庸置疑，而色彩对人的心理的影响也是不可估量的。色彩作为组成环境的基本因素之一，在促进人体心理现象的产生和转化方面具有奇特的作用。它对人有一种离心和向心的作用，既可把人的心理感受引向环境，也能把人从环境引向自己的内心世界。为此，图书馆建筑在环境色彩运用时务必考虑到这一点。

（2）听觉环境设计

人的听觉是由声波引起的，声波过强或过弱将影响人的听觉感受，从而引起人的情感和情绪的变化。优美动听的音乐使人心旷神怡、精神振奋，刺耳的噪声则令人心烦意乱。图书馆的噪声主要来自馆外和馆内两方面，听觉环境设计的首要任务是如何避免和减少噪声。馆外的噪声来自附近工厂、车辆和行人的往来；馆内的噪声主要来自读者借还书过程中的走动、说话以及馆内各种设备的搬动。由于馆外噪声的声源不易控制，因此只能通过地理位置的选择来解决。但如果在一个比较喧闹的地段建馆时，也可以通过建筑物本身的空间结构加以处理。除此之外，利用围墙或有一定厚度的高绿篱分隔空间，形成内静外闹的不同空间环境，对营造图书馆空间环境的宁静也会起到良好的效果。如果在围墙至图书馆之间的空地上再进行绿化，便能形成一个封闭式的小庭院空间，从而增加空间环境的静谧性。

内部噪声的排除和避免，主要通过建筑设计和图书馆各功能区域的合理安排来解决。从建筑设计上考虑，适用的办法就是将噪声吸收、隔断或采用噪声小的材料和设备。对于产生一些噪声的区域可采用隔墙、隔音门。另外，适当的平面布局对噪声的排除也能起到良好的效果，如针对图书馆内部各类用房，从声向的角度统一归为安静区、次静区和闹区。然后，将这类区域有所分离和隔断，如将闹区布局在最底层，安静区布局在最高层，对一些要求特别安静的用房设单独的房间。在区域面积比较大的阅览室，可采用书架、屏风等各种隔断来减少噪声的影响。

总之，图书馆是文化建筑，是传播知识信息的重要场所，其内外环境设计应具有文化教育的特色，要为读者创造一个安静、优美、清新的学习环境，以适应读者心理效应。

（二）图书馆设备管理

图书馆设备类资产管理作为图书馆管理工作的重要环节，在提升服务效能、增强管理效率、防止资产流失，推动图书馆由传统型向现代化转型发展中发挥着基础保障作用。

1. 动态管理资产

固定资产并不是"固定"的资产，它形似不动，但状态却处在时刻变化当中。原来库存的，经过申请领用并散布在全馆各个部门中；原来属于某个使用者的，随着使用者工作的变动产生了相应的变动；原来使用状态很好的，可能由于时间的推移出现了需要修理乃至入库待报废的状况等。对资产管理引入动态管理的理念，就是突破传统的数量管理方式，置资产的变化于动态掌握之中，在资产的调整和变化过程中达到优化资产配置、提高资产使用效率、减少资产流失的目的。实施动态管理，一是要完善资产的管理制度，以制度的形式明确资产的各责任人的权利与义务，重视领用表、借用表、变更表、处置表在资产动态管理中的作用，完善表内项目设置。二是要完善资产定期盘点制度，做到账实相符，防止资产流失。三是要建立计算机动态管理数据库，借助计算机技术进行有效率的资产的管理，包括资产的采购、入库、保管、使用、折旧、报废、租借等种种变动情况，实现资产管理科学化、资产掌握动态化。四是要加强对资产的维修与保养，对损坏的资产要及时进行维护乃至报修，以确保资产的最高使用率。五是要完善资产处置、报废制度，对使用部门提起报废的资产要从质量现状和使用时间上严格把关，联合技术部门进行质量评估，符合报废退出条件的资产要由主管领导进行最后审批。六是要实行资产全过程管理制度，首先要制定覆盖资产全过程管理的规章制度；其次要从"实物管理、价值管理、使用部门"三个层面建立相关部门的资产管理制度；最终建立联动的资产管理系统，真正实现数据共享。

2. 精准管理资产

对图书馆资产实施精准管理，就是抛弃那种"总金额没错即可向上级和财政交差"的粗放式管理理念，将资产管理由"面"精准到"点"，细化到使用人、放置地点、使用状态等具体情况。织成细密的资产管理网络，纵横交错、点面结合，使每件资产都在纵横编织的网络交点上。

精准管理是对资产流动全过程的管控。当前条件下精准管理的方式是将手工方式与计算机方式进行有效结合。一是严格执行入库制度、领用制度、报废制度等三个制度。二是建立资产明细账、库存台账这两本手工账，明细账要与财务的总账紧密贴合，完全按照总账的分类、排列顺序与金额进行明细登记，方便与财务定期对账。库存台账不可或缺，按照明细账的种类与顺序，每月对库存资产进行一次实物清点，核实无误后进行登记。在可能的情况下，将资产库存情况在内网公布，方便部门的领用和馆领导对库存总量的掌握。这两本手工账都是资产计算机管理软件必要的补充。三是引入计算机的条形码管理手段，对每件资产都要贴上带有条码的资产标签，并标明资产在计算机管理软件中的编号、资产名称、型号、取得日期、资产自身序列号。因使用过程中，使用人及使用部门这两项要素经常发生变动，所以不必注明。资产盘点时通过扫描资产标签条码，归集扫描结果与总资产进行自动比对，从而保证盘点的准确性，及时发现存在的问题。

3. 无形资产管理

现代化构架下的图书馆资产，已经不再是几架书、几张桌椅和几间房屋的实物形态概念，软件、数字资源和知识产权等新型资产在图书馆资产结构中所占比例逐年上升，如防火墙、图书管理软件以及为多媒体阅览区和校园提供公益服务的外购数字资源等都属于无形资产。这些无形资产在图书馆向社会提供更加有效的服务中具有不可替代的作用。伴随图书馆现代化进程的加快，这些无形资产的增速将进一步提升。因此，对这些无形资产的管理已成为图书馆资产管理的重要内容。

管理无形资产，既是资产管理人员的责任，也需要图书馆全员参与。图书馆应从内部加强无形资产的核算管理，重视无形资产的核算和评估。应建立无形资产管理责任制度，相关部门应配备兼职人员，进行有效管理；应充分掌握无形资产的特性，资产管理人员要与相关购买和使用部门保持良好的沟通和互动，依照财政部门给出的标准和办法严格管理。

第五章　图书馆信息采集和加工管理

第一节　图书馆信息采集的具体要素和总体思路

一、图书馆信息采集的总体原则

（一）主动及时原则

所谓及时，是指收集信息必须反映当前社会活动的现状，也就是信息可以包括他人未发现的、独特的，并能及时、准确地反映事物的个性化信息。

（二）真实可靠原则

具体来说，就是要"去粗取精、去伪存真、由表及里"，在进行信息采集时，必须坚持调查研究，利用比较、鉴别来采集真实可靠的信息，以便采集到的信息有实际应用价值。

（三）针对性原则

在信息采集工作中应根据单位的意向，针对实际工作任务和服务对象的真实需要，有目的性、有针对性、有重点、有选择性地采集和使用价值突出的、符合用户需求的信息，这样才能既满足用户单位的需求，又能提高信息工作的投入和产出效率。

（四）全面系统原则

所谓全面系统是指时间上的连续性和空间上的广泛性。只有以全面、系统的采集工作为前提，才能有所侧重，有所选择。

（五）选择性原则

选择性主要是指图书馆在进行数字信息资源的采集过程中，首先，应对信息来源有所选择，重点采用信誉度高、稳定性强的网站的信息。高质量的信息源往往能够保证高质量的信息。其次，资源采集所用的方法要有所选择，应用不同的信息采集方法所获得的信息往往不同，善于通过多种途径进行信息的采集工作，有益于信息采集的全面性。再次，采集的数字信息应把质量放在首位，在保证质量的情况下兼顾数量。有选择而不盲目是图书馆在数字信息资源建设过程中必须加以强化的。

（六）协调性原则

这主要是指协调图书馆传统数字信息资源与数字信息资源采集的比例，解决印刷型数字信息资源建设和数字信息资源建设在资金利用上的矛盾。同时，协调性原则还指协调馆际间数字信息资源的共建，建设有特色的数字信息资源的馆藏，以此达到资源的共享，合理有效地利用宝贵的人力、物力和财力资源实现数字信息资源的采集。

（七）互补性原则

数字系统的组织主要是针对本馆信息资源的不足而进行的，数字信息资源不论是在内容上、数量上的组织，还是形式上的组织，其结果都是对本单位收藏数字信息的补充。所以，应以数字获取信息为补充，实现馆藏数字信息的数字化、电子化，与印刷型数字相辅相成、衔接互补，形成布局合理、结构优化、功能强大的数字信息保障体系。

（八）有效性原则

数字信息资源不论是馆藏体系上的考虑，还是需求上的考虑，其落脚点都是用户的有效利用。所以，应针对数字环境下信息服务工作的特点及时进行适应性调查，积极探索信息服务的新模式，使网上组织的信息资源得到有效利用。

二、信息采集的渠道

总体来说，图书馆信息采集包括以下几条渠道：一是购买，包括订购、现购、邮购、委托代购、网购等，这是获取信息最常见的方法，也是主要途径，主要用于记录型信息，例如图书、期刊、报纸等；二是交换，指信息管理部门之间互相交换信息；三是征集，主要指向地方、民间有关单位或个人征集历史档案、书籍、手稿等；四是网上收集，指利用互联网在世界范围内收集所需要的信息，主要用于网络信息的采集。

三、信息采集的方法

（一）定题采集与定向采集

所谓定题采集，就是根据用户指定的范围或需求有针对性地进行信息的采集工作，也就是我们常说的定题服务的范畴；而定向采集是指在采集计划范围内，对某一学科、某一国别、某一特定信息尽可能全面、系统地采集。通常定题采集和定向采集在实践中都是二者同时兼用，这样更能优势互补。

（二）单向采集与多向采集

单向采集是通过单通道采集信息的方式，这种方法非常有针对性。多向采集是指特殊用户群的特殊要求，特别是它被广泛用于收集信息，这种方法成功率比较高，但非常容易重复。

（三）主动采集与跟踪采集

主动采集是指对需求或根据采集人员的预测，事先发挥主观能动性，积极为用户采集信息。跟踪采集是指对有关信息源进行动态监视和跟踪，以便更加深入地研究所跟踪的对象。信息采集人员应该根据实际情况和用户需求，合理地使用采集方法。

四、信息采集的程序

（一）确定方针

将"分工协作、合理布局、资源共享"作为信息采集工作的基本方针，每一个采集系统都应该根据自己的目标和任务制定策略。

（二）制定计划

所谓采集计划就是具体的采集实施方案。它不但要包括具体目标，还要包括解决问题的方法，可以采用一般常用的计划形式，如年度计划、季度计划和月计划等。

（三）工作实施

信息的采集必须连续不断、持之以恒，而且要有一定的财力支持，此外要求信息采集人员具备一定的社交能力，能够解决信息采集过程中遇到的各种情况。

（四）反馈用户信息

信息采集的根本目的是为用户服务，所以收集到信息之后并不意味着信息采集完成，而应该收集用户反馈信息，改进工作，进一步提高信息采集工作的质量。

五、图书馆数字信息的采集

（一）图书馆数字信息资源的采集策略

1.把握正确的发展方向，制定和调整相适应的图书馆数字化信息资源建设的政策

由于数字信息资源与传统数字信息资源的区别，传统的图书馆数字采集政策已经无法适应图书馆数字化发展的要求。为适应出版物载体形式的多元性和信息出版业以及电信技术的快速发展，在馆藏和网上信息资源之间实现最有效的资源配置，正确确定选择不同数字载体的原则、方法，图书馆必须制定本馆的信息资源建设发展政策，其内容应包括数字的选择与采访（特别是数字信息资源的获取及其与印刷型数字资源之间的比例关系）政策、经费分配政策、藏书发展政策纲要、信息管理与保护政策、馆际互借与资源共享政策等。

2.调整各类数字资源的馆藏比例结构

各图书馆应从馆藏结构的科学性和合理性出发，科学规划馆藏各类型信息资源的比例。数字化信息资源建设需要考虑数字化信息资源内部各类型之间的比例关系，还要考虑到数字化信息资源与传统型数字资源之间的比例关系，根据本馆的用户需求特点以及经费情况合理配置各种数据库，包括单机数据库、联机光盘数据库、数字数据库以及数字电子书刊。另外，图书馆还需要合理规划印刷型数字资源与数字化信息资源之间的比例，使各类型信息资源有机地结合，发挥出最大的效益。其中在印刷型期刊与全文电子期刊的比例关系中，由于全文电子期刊数据库大多是跨年度收录，那么不乏大量的内容与相应的印刷型刊物重复。在这种情况下，图书馆应该对印刷型刊物的取舍问题有明确的规定。为了适应数字存贮与传输介质的变化和发展，为教学和科研提供信息资源保障，图书馆应改变当前馆藏以印刷型数字资源为主的局面，逐步扩大数字化信息资源收藏比例，并朝以数字化信息资源采集为主的方向发展。

3.逐渐调整和增大数字化信息资源采集的经费比例

数字环境为合理利用图书馆信息资源建设的经费提供了很好的条件。图书馆可以通过数字方式采集世界各地的各种学科、各种类型的信息资源。

在经费的分配中，要根据资源共享的原则，用有限的经费去购买最常用的数字信息，对于价格昂贵、用户较少的数字信息，可以通过资源共享的方式去解决，从而达到节约经费，补充现有馆藏信息不足的目的。由于数字资源对信息技术设备的依赖性，在馆藏数字数量逐渐增加的同时，还应相应增加计算机等信息技术设备的经费投入。

4. 走加强合作、实现信息资源共享的发展道路

馆藏信息资源和网上信息资源是共同构成图书馆信息资源共享服务的信息资源基础，任何图书馆离开数字资源只靠自己有限的馆藏资源来提供广泛的信息资源服务都是不可想象的。正确认识和处理信息资源共建与共享的关系，尽快实现系统内外的数字化协作。同时，必须对自身服务对象所需要的数字信息进行分析、研究，不断提高本馆数字信息资源的保障率。对哪些信息资源能够通过馆际互借或复制的方式获取，哪些信息资源必须通过购买的方式获取，哪些信息资源是可以通过数字信息资源直接获取，必须熟悉和清楚，力求走在更大范围内实现数字信息资源共享的发展道路。

5. 以计算机数字信息技术为依托，建立国内数字信息资源的保障体系

随着电子计算机在图书馆的应用，各种数据高密度的存储和远距离传输使图书馆事业发生了深刻的变化，使得图书馆数字化也进入了一个新的阶段。数字信息资源建设是数字情报工作现代化和实现数字信息资源共建共享的必由之路，以计算机数字信息技术为依托的数字信息资源是国内数字资源保障体系的最佳模式，它将最终解决国内数字资源建设各自为政的局面。

（二）图书馆数字信息资源采集途径

1. 订购

为了做好订购工作，要与出版发行部门经常取得联系，主动介绍本单位的业务情况以及对数字信息资源的各种需求，以便能得到最新、最全的信息资源。

2. 交换

这是信息资源交流的一种形式，也是资源收集的重要途径。交换可以获得不公开发行或不能通过贸易途径获得的非卖品，便于补缺。尤其是在信息研究网络资源交换上，大家都已形成共识。

3. 现场搜集

通过参观访问或参加国内外各种学术会议、经验交流会、各种讲座等方式，进行文献的现场搜集也是一种有效的办法。比如，利用数码摄像机进行现场拍摄、利用录音笔进行现场录音可以直接取得第一手资料。利用这种方式获取的资源，不仅用时少、可靠性强、实用率高，而且针对性强，便于大面积传播学术信息的需要。

六、图书馆信息采集工作的总体思路

（一）造就开放式的信息工作环境

1. 观念转变到位

所谓观念转变到位，就是由过去传统图书馆信息采集的思维定式向数字化图书馆信息采集的思维定式转变，由"单向"采集（一般指一种学科、一个专业等）思维定式向"多向"采集（一般指越来越多的交叉学科）思维定式转变，由"一般化"采集向"差别化"信息采集转变。信息服务人员要增强信息开拓意识、信息加工意识和信息服务意识，把过去被动、简单的信息传递工作升级为综合加工、全方位、深层次的信息服务。

2. 信息采集的技术手段到位

信息资源在当今社会是重要的战略资源，它在推动人类社会发展、促进社会进步方面，发挥着不可低估的重大作用。如果停留在过去简单化的信息采集工作上，那么势必无法满足当今社会对各类信息的需求，信息采集应该随着现代信息技术革命的风起云涌，推行信息采集的电子化、网络化、现代化技术和采集方式的多元化，提高开发利用信息的能力和工作效率。促使信息资源在数量上、质量上都能满足社会需求，为促进产业结构调整、生产方式转变，努力提高劳动生产效率服务，促进信息产业和信息经济的发展。

3. 建立多层次信息采集网络到位

既要有专业信息资源采集队伍，也要有一定数量的业余辅助信息资源采集人员；既要有"阶段性"信息采集工作布局，也要有"连续性"信息采集工作计划，捕捉创新机遇。

（二）把握图书信息采集工作的规律性

任何事物发展变化都有其内在规律性，作为具有事物存在方式和运动状态属性的信息，同样具有内在规律性。只不过信息是无形的，只有借助于物质载体才能存在。正因为如此，信息的规律性表现为与其他事物的不同特点，集中体现为其认知主体对客体认识的层次性及信息的动态性和时效性等方面。信息采集要从这一基本特点出发，对其实施长期的、持续的动态观察，进行摸索、收集整理和存储，认真开发和利用好信息资源。图书馆知识性的信息，直接面向广大读者，把握好图书信息采集工作的规律性以满足各方对知识的需求，这是馆内必须做好的信息采集工作。

1. 要有计划性

信息是不断发展变化的，有时杂乱无章，其采集工作不可能一蹴而就，贯穿在信息处理全过程。图书采集要根据本馆需要、专业需求、读者的期望以及整个经济、政治、社会发展需要，做好采集的计划性，并在形势发展变化中做好微调、中调工作，避免盲目性、缺陷性。

2. 要准确定位

信息有真伪、虚实，其时效性也比较强，不能报什么采什么，必须综合分析，有的放矢，充分利用信息源，推动信息升值，使采集的图书信息既满足一般需要又有其前瞻性使用价值。

3. 要突出时代特色

当今时代，突出表现为"快"——形势发展快，信息变化快；"新"——新事物，新东西层出不穷。信息采集要适应时代"快""新"的变化，才能满足科技创新、科技强国的需求。

此外，要注意不断总结经验，不断创新思路，努力揭示信息收集、加工、存储、控制服务的内在规律，形成比较完备的机制。

（三）加强图书信息采集队伍建设

世界万物都在不停地运动变化，与之关联且反映其属性的信息，也在不断地发展变化与更新，这种变化和更新能否及时反映和运用，是与其认识主体密切相关的。作为采编人员，我们不可能要求其成为全能的学者、专家，但了解和掌握某一学科的前沿知识也是不过分的。这种具有各类知识人员所组成的团队就是一支具有完整知识结构的队伍。这是一个具有基础性、前瞻性的工作。这就要求建立知识学习、开放学习和终身学习制度，培养成知识型、事业型、奉献型团队。

从学习形式上说可以有专业培训、业余培训、岗位培训等，从长计划，合理安排。对于从业人员个体来说，应有针对性地加强自身业余学习，提高个人的信息素养、知识素养和职业道德素养；对于团队整体来说，应注意人员合理搭配，定期培训，提高团队整体素养，使信息队伍满足时代发展需要。因此，应采取强有力的措施，立足当前，长远谋划，锲而不舍，不断探索，保证信息工作正常、有序、高效地进行。

1.要领导重视，加强信息采集工作重要性宣传

营造和创新有利的舆论环境和便利的工作条件，结合实际情况，争取每年一次研讨会，随时为信息采集工作补充新信息。领导要多听信息采集人员的意见，多听取社会反馈信息，博采众长，集思广益，及时更新采集计划，不断跟上时代步伐。

2.要部门努力，提升信息工作后劲

部门领导、技术人员、采集工作人员，应三位一体，相互协作，确保信息工作早准备、早实施、早采集、早筛选、早到位，不临时抱佛脚。

3.要提供经费保障

信息采集工作所需经费应列入每年财政预算，并根据需要预备适当的机动余地。预算经费应包含人员培训经费，并做到专款专用，不得随意侵占和挪用，节余转入下一年。

信息采集工作是对人类社会发展的昨天、今天的知识进行逐步积累，为后人科技创新提供知识支撑的基础性工程，是时代发展赋予的历史使命。参与者应该有一种光荣感、历史感和使命感。

第二节　RFID技术在图书馆信息采集中的应用

一、RFID技术发展概况

（一）RFID技术应用背景

RFID技术起初主要应用在军事领域中，其任务是识别敌我双方，战后因为该技术费用比较高所以未能推广。随着社会的发展和技术的进步，RFID技术在20世纪末被欧盟国家在公路收费中应用，随后该技术在各领域中逐渐得到广泛的应用。

（二）RFID 技术工作原理

RFID 作为一种自动识别技术，其工作原理如下：把被识别的物品"贴上"电子标签，然后阅读器利用天线发射无线射频，接收天线，接收载波信号（由电子标签传送而来），最后经由天线调节器输送给读写器，进而完成识别工作。其中，电子标签主要是由芯片与耦合元件构成，且每一个电子标签都有自身对应的电子编码。当电子标签通过无线射频发送后，与读写器"感应"获取能量完成传送，然后读写器根据接收到的标签进行合理的处理和调整，最后利用计算机网络完成信息识别、采集、处理等一系列工作。由此可见，RFID 技术管理系统主要包括电子标签、读写器、天线、数据传输以及处理等内容。

（三）图书馆信息管理中应用 RFID 技术存在的问题

1. 频率选择

投入商业应用的 RFID 无线射频识别技术有高频（HF）和超高频（UHF）之分，从世界大环境来看，高频（HF）方案被欧洲、亚洲、北美等地区绝大多数图书馆普遍采用，但国内也有少数图书馆采用超高频（UHF）方案。从技术层面讲，UHF 较 HF 有着明显的距离优势，阅读距离相对长，能够达到 4 ~ 6 米，这个距离优势体现在图书馆的应用中却恰恰成为高频技术的一个弱点。由于阅读距离较远的缘故，当读者使用自助借还机办理图书借还手续时，排在该读者后面人的图书标签和借阅卡有可能被误读。超高频（UHF）方案应用于图书馆不可避免地存在着一个致命的缺点，那就是各个射频标签之间的互相干扰，导致在处理多本图书借还手续时失误率提高，并且在读者携带多本图书通过防盗门禁时，漏读、漏报率较高，造成不必要的损失。此外，超高频（UHF）射频标签的工作频率在 860 ~ 960MHz 之间，其标准并未完全统一，兼容性存在缺陷。而高频（HF）射频标签自 20 世纪 90 年代开始在世界各地的图书馆大量应用，技术相对成熟、稳定。因此，从发展的长远性看来，高频（HF）在图书馆信息领域的应用仍具有明显的优势。

2.RFID 无线射频技术的标准化问题

虽然 RFID 无线射频识别技术在国外图书馆管理方面得到广泛应用，但是，在国内技术标准尚未统一。实际上，在确定选用高频（HF）RFID 无线射频识别技术之后，标准是否统一的问题也就不攻自破了。

3.RFID 射频标签成本障碍问题

限制 RFID 电子标签进一步大规模应用的主要原因在于芯片制造成本居高不下。整个 RFID 射频识别系统的花费主要包括标签、系统转换、相关设备和人工费用，其中射频标签的价格是大家最关心也是争议最多的问题。但随着 RFID 射频识别技术在图书馆的逐渐推广使用，RFID 射频标签的大规模生产已使其成本逐渐降低，目前低至 0.4 元左右。如果我们能成功地利用有机芯片取代硅芯片，标签成本将下降到约 1 分。再考虑到标签的使用寿命远远超出条形码寿命，以及 RFID 引入后可显著降低人工费用等优点，从长远来看 RFID 电子标签的性价和传统的条形码相比优势将非常明显。

4.RFID 技术与图书馆管理信息系统的整合问题

然而，RFID 技术在图书馆管理方面的引入还无法与图书馆现有的信息管理系统完美融合在一起，在实际项目实施过程中，馆方可要求 RFID 系统供应商必须在与图书馆信息管理系统供应商进行充分协调的前提下，提供详细的 RFID 系统与图书馆信息管理系统软件、硬件接口的完整解决方案，以此来解决二者的融合问题。

5.RFID 系统的安全问题

影响 RFID 技术大面积推广使用的另一个重要原因是其安全性问题，因为 RFID 射频标签是直接贴在图书上，比磁条的隐蔽性差，所以较为容易被损毁。除此之外，RFID 标签在两三层锡纸包裹起来的条件下即可造成信号屏蔽，使读写器无法读取到射频信号，因此图书很容易被夹带带走。为了解决以上问题，相关 RFID 系统供应商适时提出了 RFID 与磁条相结合的解决方案，利用传统的磁条防盗技术来弥补 RFID 技术安全性上的不足，但是这样又会使成本有所增加。

（四）RFID 技术在现代图书馆中的应用

图书馆作为信息服务部门，其全部工作价值都必须通过服务这个环节来实现，而作为重要的文化信息中心，图书馆自动化系统及相关技术对提高服务的质量和效果起着极为重要的作用。RFID 技术可以极大地提高图书馆服务的质量和工作效率，对图书馆自动化系统产生较大的变革。

1.图书馆自助站与自助借还

使用 RFID 建构图书馆的自助借还站，进行图书馆的自助借还服务，这是每个图书馆引进 RFID 最基本的目的，是图书馆基于 RFID 系统改造的基本内容。

RFID 自动借书子系统由自动借书机实现，主要由 RFID 图书自动化提取和 RFID 图书自动传输机两个模块组成。自动借书机处理读者的借阅信息，将信息连接到 RFID 图书自动提取子系统，智能化管理书架子系统处理 RFID 信息，并释放图书资源。当自动借书机收到指令信息，读者就能得到所要借阅的图书。RFID 自动还书系统主要由自动还书机、RFID 图书电子标签、还书箱和服务器组成。当读者还书时，通过阅读器读取书籍的 RFID，连接服务器查询相关读者信息，修改其借阅信息，并自动控制还书箱中的图书，对已归还的图书实现自动存储到智能书架。RFID 图书馆智能化管理系统可利用最短的时间，实现对大量 RFID 图书的有效管理和借还，同时更快速且有效地处理大量 RFID 图书的数据信息。

2. 还书箱与自动归还

传统的还书箱服务实际工作上并非实时服务，无法为读者立刻提供还书记录等。而自动归还具有实时归还的功能。基于 RFID 技术这一模式的还书箱，将 RFID 阅读器与天线装入传统还书箱中处理有 RFID 标签的书本，它将会实时处理滑进还书箱中的书本。对于读者来说，与传统的还书箱没有明显的区别，他们所需要做的仅仅是将书本放进还书箱中。而有时图书馆为了提高还书箱读取 RFID 标签的机会，会要求读者一次只能放进一本书。KIOSK 模式（自助服务机）的还书箱就是基于 RFID 技术的设备，并且会有计算机人机交互的界面，让读者进行一些功能选择，提供打印收据、借还、返还错误书本等功能。

3. 自动分类系统与图书自动分类

RFID 图书自动分类系统一个潜在的巨大优势，就是可以更加方便地进行自动书本处理，它确实可以显著改进图书馆还回图书的分类过程，减少图书馆工作人员的时间与花费（节省人力资源）。一般图书馆为了提高分类系统的准确率，会要求读者每次只能还回一本书，待该书处理完成后才可以放入第二本，这是为了保证书本被摆放于传送带的位置正确。自动分类系统对书本所作的分类是基于书本对应的分类号。图书馆的 RFID 系统会根据自身实际情况设定分类依据：

第一，异常图书。如无法通过 RFID 的识别进入还书箱，图书馆工作人员可以查明该书本无法识别的原因并进行相应处理。这些异常的图书可能会包括 RIFD 标签损坏的图书或没有 RFID 标签的图书。

第二，被预约图书。该类别也是一种特殊的图书，将被预约的图书分别拣出，可以省去由工作人员拣出被预约书本的工作量，提高工作效率。

第三，按照分馆进行分类。

第四，按照分类号进行分类。

RFID 提供的自助借还、自动分类功能，可以极大降低工作人员的工作时间和劳动强度，尤其是自动分类功能，被认为是图书馆 RFID 投资最明显的回报。RFID 提供的图书馆书库管理功能，可以使图书馆方便开展图书盘点、书本查找、顺架等操作。使用 RFID 书库管理的功能还能够进一步减少丢失图书、寻找图书的时间，用户可以自由借还书，借还速度加快，排队时间减少，从而极大提高了用户的满意度和图书馆的服务质量。

二、RFID 的属性

（一）频率

所有的 RFID 交流都是在一定的频率下进行，频率计量的是电磁波在某一单位时间内，通过空间中某一点的波的数目。频率的单位是赫兹（Hz），表示的是每秒周期性变动重复次数的计量。根据标签频率的高低，RFID 有高频（HFRFID）和超高频（UHFRFID）之分，前者与后者各有优缺点：高频技术应用成熟、不易误读、价格稍贵、标签隐蔽性差；超高频技术在图书馆的应用尚在探索中，应用案例少、易误读、价格便宜、标签隐蔽性比较强。现在国内大部分图书馆均采用高频技术，少数图书馆应用超高频技术。

因为 UHF 标签的价格更便宜，并且随着物流供应链领域的广泛使用，其价格下降会更快，而且其读取范围更远，可以进行功能上的扩展。用户可以根据实际情况来选择。

（二）能量来源

RFID 标签按照能量来源划分，可分为主动式和被动式。主动式标签有内置电源，可以通过运行芯片电路使之主动发送数据和阅读器交流，电源使得标签信息传播得更远；被动标签没有内置电源，它们接收来自阅读器发出的电子磁场能源，并发送数据。被动式标签（无源电子标签）没有进入

RFID 阅读器读取区时不会发送数据。被动标签的能源因为依赖于外部，因此只能传送相对有限的距离。

图书馆的应用选择被动式标签，其原因首先是图书馆的书本识别只需要相对限制的读取区域；其次是主动式标签由于主动发送数据，那么可以利用 RFID 阅读器轻易读取到相关信息，容易引起侵犯个人隐私问题。

（三）读写性能

RFID 标签根据读写性能可划分为可读写标签（R/W）和一次写入多次读取标签（Write Once Read Many，简称 WORM）。

可读写标签在其使用过程中可多次被读写。在图书馆 RFID 安全建构方式中，如果使用安全位负责图书的安全，那么肯定需要采用可读写标签。在 RFID 的安全位方式中，书本借还通过改写安全位的状态，从而标示书本的状态。WORM 允许只向标签一次性写入信息，当标签被编码之后将无法更改或重新编码。读取 WORM 标签所需要的能量比较少，因而其读取距离相对于可读写标签而言更长。使用 WORM 标签的 RFID 安全建构方式一般是采用查询数据库方式，即系统读取书本的 ID 标识号后，通过查询数据查明书本的借出或已归还状态。

（四）数据容量和数据内容

数据容量是指 RFID 标签能够存储数据的大小。用于图书馆的 RFID 标签数据容量各不相同，范围从 12 字节至 256 字节不等。其中 WORM 标签的数据容量一般较小，只需要容量足够存储物件 ID 号即可。

RFID 的数据内容是指标签中存储的数据信息以及结构，即存储哪些数据和数据存放的位置。在图书馆应用中，必然要存储书本的标识号数据。在标签存储容量有剩余的情况下，可以选择再存储其他信息。

三、图书馆信息采集系统与射频识别（RFID）技术

RFID 嵌入式射频信息采集技术是集合了电子计算机技术、应用电子技术，半导体技术等前沿应用技术的综合体，在计算机、信息管理、图书管理等领域都具有极大的潜能。

传统图书馆现有的图书信息采集嵌入式系统使用的是条形码和磁条技术，工作效率低。但是当图书管理采用了 RFID 技术之后，读者只需要简单地将图书证和书放在指定的扫描区域内即可完成借还书服务，工作人员可以

将有限的精力运用到其他的图书管理事宜上。RFID 标签可以记录书籍在图书馆书架上的具体位置信息，图书可以根据书架位置通过传送车或者传送带的方式，自动地将图书上架放置，极大提高了书籍管理的流通性。

四、基于 RFID 技术的图书馆信息采集系统的设计原理

整个 RFID 图书馆信息采集系统由电子标签、射频信号读写器和后台的应用系统组成。电子标签可以存储需要传输和判别的信息，而且它还具有智能读取和修改的能力，在通信方面，具有加密的功能，对信息的保护也有其巨大的优势。在使用体积方面，它薄如纸，可以轻便地放入任何位置。在图书馆用户使用时，只要电子标签进入到识别的电磁场之中时，负责接收发出信号的读写器，凭借产生的感应电流发送出贮存在芯片中的电子标签数据。读写器读取所获得的信息译码后，将其送到中央信息处理系统，在实际使用的过程中，需要相关的硬件和软件支持。

读写器将需要发送的图书借阅数据，经过编码后加载在某频率的信号上，通过天线向外发送。当电子标签进入到读写器的识别范围之内时，电子标签将读写器所发送的电磁波转换为电流，存储到配备的电容之中，然后无源电子标签利用存储的电能，对读写器发来的数据信号进行调制、解码、解密，然后针对信息进行判断。

第三节　图书馆网络信息的采集和具体要素

一、网络信息资源的定义及特点

网络信息资源是指以数字化的形式存储于网络节点中，借助于网络进行传播和开发利用的信息资源与信息系统的集合体。互联网作为网络信息资源的核心与载体，其与传统的信息载体和信息交流渠道相比具有很大的不同。网络信息资源的主要特点可以概括为：

（一）网络信息资源是以网络节点为载体

传统的信息资源存储载体有纸质、磁盘、光盘、胶片等，而在信息社会中网络信息资源的存在是以网络节点为其基本载体，是以虚拟化的形式展现出来。人们从网络中获取信息资源，并且信息资源的内容更加丰富，覆盖面更加广泛。

（二）表现形式多种多样

网络信息资源既包括各种电子文献、书目数据库以及各种软件资源，也包括大量的流媒体信息，除了保存传统的文本、图表、图形，还增加了图像、声音、动画等多媒体信息。

（三）传播范围更广，更新速度更快

传统的信息资源在由文字转变为数字化的磁信号或光信号后，其在存储、传播、查询等方面变得更加方便快捷，并且存储的量更大更密，质量更好，可以通过互联网络进行更大范围的传播。网络信息资源的更新速度更快，时效性更强，主要表现在两个方面：一是新信息资源的发布速度更快；二是新旧信息的更替速度更快。借助于互联网络的优势，网络信息资源的发布速度比传统载体的信息资源发布的时间更短，数量更大，但与此同时也带来了网络信息资源稳定性差和安全性、可靠性不足等缺点。

二、图书馆网络信息资源采集的步骤

（一）分析信息需求，确定信息采集的学科专业范围

每个公共图书馆的读者群都不尽相同，因此其信息需求也有自己的特点。因而，在上网采集信息之前，一定要弄清自己的信息需求，也就是确定自己虚拟馆藏的收录范围，以及本馆网上信息资源采集政策。

（二）选择因特网查询信息、利用指导性工具书或网站

为了帮助人们上网查询信息，许多单位编辑出版了一些因特网资源大全等类似的指导性工具书。现在，除印刷型的网址大全外，网上还有许多网站专门提供网址查询服务。

（三）对初选网站进行浏览

可以依据网站被访问的次数、建站机构的权威性和知名度、网站传统媒体的重要程度、用户的评价、专家推荐意见，初步确定该网站是否与自己的需求相符，并对保留的网站按照事先确定的标准进行评价。在具体操作时，我们可以针对不同的信息资源类型，对五个指标分配不同的权重。此外，对网站等级或权重的评价，也应定期进行，确保评定的等级或权重能够反映其真实情况。

（四）根据评价的权重，进一步复选所需的网站

经过初选和对网站的具体浏览，可以过滤掉与需求不相关的网站。而

且对确定所需的信息，可以进行进一步的加工。

（五）对选择的网站用元数据进行标引

元数据主要是用来描述 Internet 数据和资源，促进 Internet 资源的组织和发现。

三、图书馆网络信息资源的采集策略

（一）加大对网络信息资源的研究力度

对网络信息资源进行长期深入的跟踪和研究分析，是图书馆采集高品质网络信息资源的首要工作。图书馆要采集高品质的网络信息资源，就必须首先了解网络中有什么样的信息资源，哪些是我们所迫切需要的，这些信息资源的可靠性、安全性如何，怎样才能获取这些信息资源以及这些信息资源的使用权限如何，等等。上述这些都需要图书馆进行长期深入细致的研究，只有这样，才能最终确定取舍，也才能进一步指导网络信息资源的检索、采集、加工等工作，从而使每一个工作环节都更加有依据。

网络信息资源时效性强、更新速度快的特点，决定了我们对网络信息资源的研究分析工作也必定是长期的、持续的、动态的和跟踪式的，既不能停止对新信息资源的研究和发掘，也不能放弃对旧信息资源的关注。图书馆跟踪研究的频度至少应同步于网络信息资源的更新频度，否则所有的分析研究工作都将是表面的、浅显的，或有头无尾，或不够及时准确，这些都将对图书馆网络信息资源的采集质量产生负面影响。

（二）制定科学有效的评估标准

要采集到高品质的网络信息资源，制定科学有效的网络信息资源评估标准是关键环节。应制定出"特、精、全、省"的基本网络信息资源采集原则："特"是指具有特色的网络信息资源；"精"是指采集可靠性、安全性强，内容新颖，发布者规范的网络信息资源；"全"是指要确保网络信息资源采集的系统性和完整性；"省"是指要合理使用网络信息资源采集过程中的各项费用开支。

科学有效的网络信息资源评估标准是图书馆对网络信息资源进行长期研究分析的结果，这种标准一经确立就应保持它的相对稳定性，不能轻易改变，使之流于形式。此外，由于网络信息资源的变化和信息用户需求的改变，也必须及时定期地对评估标准做出相应的小幅调整，但大的原则不能轻易改

变。只有掌握好网络信息资源评估标准的变与不变，才能从根本上确保图书馆采集到高品质的网络信息资源。

（三）建立严格有效的信息保障机制

严格有效的信息保障机制是网络信息资源采集过程中的关键要素，完整、准确是图书馆网络信息资源采集的基本要求。许多网络信息机构利用一些技术手段，阻碍对其网络信息资源的批量或完整获取。此外，网络信息资源的及时性也应是采集过程中要特别注意的一个问题。在短时间内及时有效地大量采集所需的网络信息资源，能为后续的整合加工及服务工作争取时间，为充分开发利用网络信息资源创造条件。因此，在图书馆整个网络信息资源的采集过程中，不仅要做好人力和技术设备上的保障，而且要做好目标任务的科学管理与统筹，更为重要的是要积极开展对网络信息资源采集方法、手段、工具的研究和探索，不断提高网络信息资源的采集效率，特别是在针对一些有限制的网络信息资源时这一点十分重要。

（四）加大对网络信息资源加工的力度

网络信息资源的快速整合加工应成为一种长效的工作机制，尤其是在面对信誉度较高的网络信息机构时，因其所提供的网络信息资源一般都有标准化和规范化程度较高的二次信息产品，这就为及时进行网络信息资源的整合加工提供了十分有利的条件。此外，即使面对无法获得二次信息产品的网络信息资源时，也要充分利用信息处理软件对其进行快速整合加工。当前，许多图书馆在对网络信息资源进行整合与深加工方面做得显然还不够，无法满足日益发展变化的信息用户需求。因此，必须加强对网络信息资源进行深层次挖掘的力度，为开展网络信息资源深层次的服务做好准备工作。同时，网络信息资源的深加工也应注意规范化和标准化的原则。

（五）建立流畅的信息沟通机制

信息沟通是网络信息资源采集过程中各个工作环节之间进行信息交流，实现协调互动的一种手段。在图书馆网络信息资源采集的过程中，每一个工作环节的运行状况都将直接或间接地对其他工序产生影响，从而影响到图书馆整个网络信息资源的采集情况。因此，必须建立顺畅有效的信息沟通机制，使图书馆网络信息资源采集的整个流程处于可控制状态。

（六）制定严格的管理制度

网络信息资源有着众多区别于传统信息资源的新特点，网络信息资源的采集从检索发现到跟踪研究，再到评估获取，直到整合加工及提供服务都有着全新的运行规律，各工序之间的联系也更加紧密。因此，必须为图书馆网络信息资源的采集制定严格的管理制度。一方面，不仅能够实现标准化、规范化作业，提高工作效率；另一方面，还能积极减少人为主观因素的干扰，更为重要的一点是有一套严格完善的科学管理制度，能够在制度上确保图书馆网络信息资源采集工作的持续有效开展。

制定严格的管理制度，对网络信息资源采集的全过程进行科学有效的管理与监督，主要体现在以下三个方面：第一，可实现对网络信息资源采集的标准化、规范化管理。网络信息资源是图书馆信息采集的对象，它的一些属性反映了当前网络信息资源跟踪研究的内容与方向。另外一些则表明了当前网络信息资源在采集、备份、整合、加工、服务等环节所处的状态。对网络信息资源的采集工作进行严格的管理监督，不仅能使网络信息资源的跟踪研究工作更有针对性和连续性，而且能极大地提高工作效率，减少重复浪费。第二，实现全过程的任务管理与监督，将图书馆网络信息资源采集的全过程纳入监管之中，可对具体的任务实施进行科学合理的安排，既能减少盲目性，又能实现全过程的任务处理，让各工序之间的衔接更加合理有效。第三，可实现工作人员的监管，将人员与任务分别实施管理，可使任务的分配与人员的安排更加具有灵活性。

四、图书馆信息加工的具体要素

（一）图书馆信息加工的必要性

图书馆的信息检索，总是习惯于以文献信息的外表，如题名、责任者、分类号等外部特征或收录的主题来进行著录提示，以此为用户提供信息的线索。这种停留在外表描述类的信息检索系统，导致用户在检索时只能获得一般指引性信息，如要获得原文和相关信息还得进一步查找。而大量用户所需的信息处于隐性和分散状态，以致造成了信息实际数量与信息检索系统存量之间的巨大悬殊，加剧了信息超载或匮乏与用户利用之间的矛盾。正是因为缺乏深层次的信息组织和加工，使得大量信息处于失控和无序的状态，这是信息的无形丢失和浪费。面对这种情况，为了提高用户的查全率、查准率，必须从多途径、多角度来改进检索系统，编制高质量的书目索引、期刊索引、全文索引，专题信息汇编等。

图书馆开展信息服务的首要因素就是图书馆馆员自身的学识和专业技能水平问题。作为知识的创新者和管理者，图书馆馆员不仅应该是知识重组和创新的专家，而且应该是知识渊博的学者，他们既拥有熟练的专业知识，又有通过为其他人员做信息咨询日积月累的各学科知识，他们应将这些宝贵的知识外现为客观知识，这些客观知识被科研教学人员阅读、学习又转化为主观知识，从而在科研教学活动中创造出最大效益。他们应对用户的课题充分地了解和评价并参与其中，对问题研究的全过程提供动态服务。他们应将为读者提供解决问题方案的核心知识内容区分不同类别、不同层次，将分散在各领域的零散知识信息加以集成，从中提炼出对读者的研究、开发、管理、拓展研究思路至关重要的"知识信息精品"。

（二）图书馆信息资源加工的目的和意义

信息时代的一个显著特征就是信息需求的快速增长，读者需求的多样化、个性化趋势越来越明显，信息资源加工的目的就是要向读者提供更有价值、更便捷的有效信息。它按照一定的需求，通过信息资源的无缝链接等技术将不同来源的信息完全融合起来，从而形成一个完整的、具有集成检索的跨平台、跨数据库、跨网络的新型信息资源体系。

图书馆信息资源加工的意义在于其实现了不同文献资源之间的沟通，最大限度地保持了知识体系的完整性，使读者获取高质量、可信赖的信息资源成为可能。由于整合后的资源体系拥有统一的用户交互接口，有利于提高读者信息资源检索利用的效率，缩短资源响应时间，更加便捷地实现图书馆的信息服务职能。

1. 信息资源加工有利于促进未来图书馆信息服务平台的建设

图书馆在信息社会中所起的核心作用是信息的加工及服务提供，图书馆管理活动应根据所提供的服务框架进行规划。有效地开发信息资源是图书馆进行信息服务的基础和平台。图书馆的信息资源加工管理需要运用科学的手段和方法，充分挖掘信息集合中的信息内涵，整合并准确地揭示信息资源，全面地满足社会的信息需求。

2. 信息资源加工有利于满足读者多元化的信息需求

现有各类信息资源由于其自身的局限性或者使用界面不统一等问题而无法充分满足读者的不同需要，提供的信息的价值性不强，容易造成读者对信息的理解困难，读者对信息的利用难度加大。信息资源加工将弥补这些缺陷，其服务适合于多元化、多层次的读者，通过广泛的信息收集、深入的整合分析，以各种形式向读者提供增值性的有效信息，以满足各类读者多元化的信息需求。

3. 信息资源加工有利于对信息资源进行有效的评价，提高竞争优势

图书馆馆员经过对信息资源的加工，可以有效地对各类信息资源进行评价，指导读者更加准确地利用这些信息资源。图书馆通过信息资源加工系统，结合掌握的信息资源，利用各类统计分析的方法，寻找和确立图书馆的服务竞争优势，采取措施，协调、优化信息服务提供方式，在巩固原有优势的同时寻求新的服务点，从而保证图书馆社会职能的顺利实施，促进图书馆整体事业的发展。

4. 信息资源加工有利于促进信息资源的有序化

各图书馆收藏的数字化资料，尤其是从网上下载的资料多数没有进行著录、分类等有序化工作，许多无用的信息资源也充斥其中，需要具备分类专业知识和经验的图书馆馆员或信息管理人员对其进行分类加工处理，与馆藏资源进行整合，提高这些信息资料的有序化程度，方便读者利用。

5. 信息资源加工有利于加强信息资源的过滤，减少信息污染

由于网络信息资源的传播是超越国界、社会制度、文化的"虚拟的信息资源"，而且任何读者既是信息的生产者，也是信息的接收者和传播者，在网络上还没有形成非网络环境下的社会评价和控制机制，数字资源中的相当一部分缺乏必要的社会过滤，与传统资源相比，其内容非常繁杂、混乱、缺乏规范、精度，信息污染比较严重。因此，对信息资源进行去粗取精的过滤式加工，减少信息资源污染的工作就显得尤为重要，而担任知识积累和传播的图书馆在这个过滤工作中责无旁贷，有必要对数字资源进行重新的组织和管理。

（三）图书馆信息加工的实质

信息加工的过程，就是综合、筛选、鉴别、提炼、揭示以及研究的过程，就是使信息从无序到有序并给信息重新进行定位，同时也是赋予信息以新价值的过程。信息加工是一项学术性、指引性、服务性和技术性较强的工作。它是在原生信息的基础上，通过图书馆馆员的业务技能与专业知识的发挥，以形成更高层次信息产品为目的的信息处理。运用加工整理的方式，可将信息资料上的知识组织成彼此间相互联结的知识结构体系，这样的过程就是图书馆馆员的思维过程，就是知识"创新"的过程，这也是图书馆信息加工的实质。图书馆为书籍编制主题索引和用户专题信息的过程，其实质就是对知识信息进行加工处理。这样能够打破原有的知识序列，将有关的信息提取出来与其主题相联结，进行重新组合。如此，具体的信息或知识单元就在不断进行的破序、组序中得到消化理解、存贮掌握。而新旧知识之间也在这种全方位的联结中，构筑成一个统一的知识结构体系。因此，我们可以说信息加工的实质就是一种知识创新。对于创新概念，存在着许多不同的理解，目前被普遍接受的观点是：对现有的东西进行变革，使其更新成为新东西。就知识来说，"新的或重新组合的或再次发现的知识"，都可以称作知识创新。其中，对知识信息进行重新组合是创新的关键所在。图书馆的信息加工，就是在获取知识的同时不断地打破原有的知识序列，重新组合出新的序列，从而逐渐构筑起包括知识信息、认知结构模式和信息加工技能三个方面内容的知识结构体系。

（四）图书馆信息加工的要点

1. 准确

开发信息的目的，主要是用来指导和促进科研和学术建设及发展。准确的信息，哪怕只有一条，都有可能使科研或某一个专业向前发展一步。而虚假的信息，哪怕只有一条，都有可能给科研或学术造成重大损失。在信息的加工过程中引起一些信息失实、失真是一种正常现象。失真一般有主观和客观两个根源：从主观上讲，获取的原始信息是准确可靠的，但由于信息加工者本人在加工过程的某个环节上（思维、方法、技巧或态度）出现了问题，而使加工出来的信息产生了偏差；从客观上来讲，获取的原始信息本身就不准确、不可靠，导致加工出来的信息出现了问题。

2. 实用

信息对科研活动的作用发挥，除了信息本身的因素，还取决于信息的使用者（决策者或决策机构）、传播者（传播媒介或传播对象）和工作单位的实际情况（工作或环境）。同样的信息，由于信息使用者，或传播者，抑或工作环境的不同，产生的效果将会有非常大的区别。如果加工出来的信息不适用、不实用，就算信息加工得再好，那么仍然无法发挥作用。

3. 精练

冗长模糊的信息是信息加工之大忌，科研教学人员的工作比较繁忙，明了精练的信息资料容易为人们所接受。人们一般都有切身的体会，只要一看到冗长的资料就会皱眉头，要么不看，要么只看一下标题。此外，冗长的信息资料在信息的传播和存贮等方面都有许多不便，既费时费力，效果也不甚理想。

4. 及时

要做到信息加工的迅速及时，一方面要提高信息加工的工作效率，另一方面要学会调配加工信息的内容。在信息量非常大的情况下，仅仅依靠提高信息加工工作效率有时也不能及时、准确地掌握全部信息。此时，可以在加工中采用一定的技巧，调配信息加工内容。例如，并不是所有的信息都有较强的时效性，对于时效性极强的信息资料，可以先进行加工处理，以尽快地开发利用。而对于一些时效性不强或不太强的信息资料，则可以暂缓加工处理。

（五）图书馆信息加工的原则

1. 个性化原则

个性化原则，是指信息资源加工的目标性，加工后的信息资源应满足不同读者的需求。图书馆加工平台上的信息资源组织必须始终坚持以读者为中心，针对图书馆广大读者信息需求的特点，有目的、有重点、有选择地组织利用价值大、适合读者群的信息资源，准确定位信息资源加工的范围，做到有的放矢，让读者以最小的代价在最短的时间内获得最满意的结果。进一步完善平台的功能，方便读者，还应提供交互工具，帮助读者更好地针对个人需求挖掘和获取平台内的信息资源。

2. 系统性原则

实施信息资源加工需要以图书馆信息服务整体战略为指导，综合考虑各个环节的相互影响，提供实现整体价值增值的解决方案，系统性贯穿于信息资源加工的全过程。

对于特色资源或具有很高价值的学术信息的收集，只有通过系统、连续、有计划地收集和积累，才能有所选择，有所比较，有所分析，产生有效的信息流，充分发挥信息的效用，尽可能地保证实现图书馆信息资源的增值。还应当掌握尽可能多的信息以减少不确定性因素对图书馆信息服务的影响，也就是说，从开始的信息收集就要系统地考虑对图书馆有影响的各方面因素。

在信息的加工整理合成过程中更要紧紧围绕实现资源增值的目标，以整体利益为核心，在长远发展战略的指导下制订各种解决方案。从图书馆内部来讲，各部门间的决策应以整体利益为指导，信息资源加工人员应在此基础上综合考虑相关因素，提供实现资源增值最大化的方案。还要放眼未来，制定出长远规划，对各类有价值的信息资源做好跟踪、积累、贮存工作，保证图书馆信息资源的连续性、可靠性、完整性以及系统性。

3. 客观性原则

实施信息资源加工的客观性原则是指在信息收集加工整合的过程中要保持科学客观的态度，避免主观的任意性，以事实为依据进行分析、计量。也就是说，一方面所获取的信息的内容要客观真实；另一方面，信息资源加工人员在工作过程中要保持客观独立的态度。保持客观性对实施信息资源加工具有十分重要的意义，这是因为实施信息资源加工需要综合考虑各个方面的相关信息，任何一个环节的信息出现偏差都会对最终结果产生一定的影响，必须保证进行分析加工基础的客观性，而且在实施信息资源加工的过程中要依靠信息资源加工人员的经验判断，为保证其结果的有效性，必须要求实施人员在加工过程中保持客观，以客观事实为依据，站在独立的立场上提供相应的资源增值方案。

4. 动态性原则

动态性原则也就是开放性原则，是指信息资源系统是个开放性系统，它并不是永恒不变的，而是与信息资源及读者需求等环境有着密切的联系，是随着外界环境的变化而不断变化的有机整体。

动态性是信息资源加工的特点之一，它能够立体动态地反映图书馆信息服务的基本情况，这就要求在信息资源加工过程中要保持动态性，及时对虚假信息资源进行过滤筛选，提取最有价值的信息资源给读者。尤其在组织利用网络信息资源时，其更新速度快，时效性强，必须不断地广泛地进行搜索，确定有学术价值的信息，定期跟踪，及时推新纳故，确保信息资源的可利用性。

第四节 图书馆信息加工中的主要问题及其伦理对策

一、图书馆信息加工中的主要问题

（一）信息失真问题

所谓信息失真，就是指信息在加工后因走样、变形或完全改变而导致精确度和可信度下降甚至丧失的问题，如不准确、夸大或缩小事实甚至背离真相等。在现代信息社会中，随着信息采集技术特别是网络技术的发展，人们可以更加便捷地获取大量的信息，面对这些瞬间涌入的大量信息，人们来不及有过多的时间思考，其分析判断能力会受到极大削弱。特别是现代网络成为一个重要的信息源后，网络信息的海量庞杂、真假难辨等给信息加工带来了严峻的挑战，如果加工者缺乏应有的分析判断能力，那么在信息加工的过程中就会由于真伪不辨、真假不分而导致加工后的信息失真。此外，由于信息加工者对采集来的信息缺乏必要的批判、怀疑精神以及深入的求证精神，在信息加工过程中只是简单复制、随意拼凑甚至任凭主观臆断妄加推测等，这也很容易造成加工后的信息失真。

（二）信息失效问题

信息加工的目的是要生产出方便用户使用的信息产品。在现代信息社会，由于用户面对的决策问题在不断地发展变化，他们对信息的需要也在不断地更新变化，当用户在决策活动中遇到某种问题而产生了与解决该问题相关的信息需要时，作为信息加工者，就应及时将加工后的相关信息提供给用户，否则信息加工就会失去应有的价值和效用。此外，信息的时效性是提高信息使用价值的一个重要指标，及时性是信息加工的一条基本原则。但在图书馆日常运营中，由于信息加工者对采集来的信息的重要性认识不足、时效意识不强、工作作风拖沓等导致信息加工延误，以致加工后的信息失效的问题依然存在；由于信息来源渠道复杂多变，信息加工者又缺乏应有的知识水平、分析判断能力和工作经验，以致在信息的筛选、判别过程中久议不决，在信息的核实、求证过程中费时费力，最终导致信息加工过程人为延长、加工后的信息失效的问题也有不少。信息失效问题的存在，轻者会给人们的生活、行为决策等带来诸多不便，影响到人们在行为决策中的正确判断；重者会给人们的生活、行为决策等带来危害，甚至影响到人们的生命和财产安全。

（三）图书馆信息伦理的失范

法国社会学家迪尔凯姆（Emile Durkheim）将这一概念引入社会学，并将其定义为"一种准规范缺乏、含混或者社会规范变化多端，以致不能为社会成员提供指导的社会情境"。虽然伴随着图书馆伦理道德建设的进展，形成了一些图书馆基本的伦理原则，这些观念被图书馆从业人员及用户接受，如维护用户权益、保守用户秘密、尊重知识产权等内容，但是在实践中与这些规范相违背的现象却时有发生。图书馆信息伦理失范给图书馆事业带来了负面影响，这些失范行为有可能导致图书馆服务专业水准的下降和公众对图书馆的不满，引发人们对图书馆行业存在与否的质疑。

1. 馆员侵犯读者隐私

个人隐私权是信息伦理领域极为敏感的话题，它是指公民个人生活不受他人非法干涉或擅自公开的权利。网络环境下的隐私权还包括公民在网上的私人信息不被他人非法侵犯、搜索复制、知悉、公开和利用的一种人格权。图书馆用户隐私作为个人隐私的一部分，是特指图书馆服务对象在利用图书馆设施、信息资源与服务过程中的个人隐私，主要包含用户活动的隐私和用户信息的隐私。具体来说，可以将用户的隐私界定为图书馆用户在图书馆活动过程中所发生的"读书事实"和"利用事实"，包括用户阅读的隐私、个人信息的隐私和个人活动的隐私。

2. 馆员对读者的歧视问题

用户歧视，是指作为用户的公民在使用图书情报机构提供的各种服务中所受到的不平等对待。在实践中主要表现为用户等级制、用户权限差别以及一系列不合理的规章制度等。有人认为，用户等级制度遵循了效益优先的原则，可以使相对匮乏的文献资源发挥更大的作用。那么在过去，这种制度不失为一种解决文献资源供求矛盾的方法。然而，图书馆事业的发展已使当前文献信息资源在图书馆内得到了一定的保障，很多馆员对信息获取权利的不平等却依旧视而不见。由此可见，图书馆用户等级制度的使用使馆员对带有明显的用户歧视倾向的等级制度采取了默认态度，而没有真正树立起"用户人人平等"的信息伦理意识。

3.用户信息伦理失范

图书馆是供用户学习、研究的公共场所，是传播和创造社会精神文明的重要阵地。图书馆制定了相应的用户基本行为准则，如用户入库守则、图书借还规则、阅览室阅览规则、电子阅览室使用规则、用户文明行为规范等，多数用户都能自觉遵守，但也有少部分用户由于文明素质较差，是非观念不强，特别是在当前网络条件下，失范现象时有发生，主要表现为用户损毁文献资料、破坏阅览环境和设施、传播计算机病毒、把图书馆电子阅览室当作网吧、恶意下载等。这些行为不仅破坏图书馆整体范围的用户利益，而且会给图书馆的管理工作造成不必要的困难，制约用户服务工作的拓展，最终影响图书馆职能的发挥。

二、图书馆信息加工问题的伦理原则

原则通常是指人们看待问题、处理问题的准则。图书馆信息伦理建设的原则是指在图书馆信息伦理建设的过程中，人们应当遵守的基本行为准则，同时也是图书馆信息活动主体进行道德判断和选择的依据和标准。确立图书馆信息伦理建设的原则，能够为图书馆树立良好的价值导向，有利于引导图书馆信息活动主体在复杂的信息环境中作出正确的道德判断和选择，减少失范行为，促进图书馆信息活动健康发展，与此同时，也为图书馆制订相关的信息道德行为规范提供一定的理论依据。

（一）公平原则

公平原则作为社会中的一个普适性原则，是伦理学的一个核心原则，具体到图书馆信息伦理领域也不例外。作为应用伦理学的重要原则，公平原则是指社会主体的行为应该在最大限度上满足社会进步和人类福祉的需要，满足人类当下需要与未来需要。无论行为主体是个人还是社会，公平原则都要求他们进行等利或等害的行为交换；社会公平要求社会分配给个人的权利与他的义务相等，与他的贡献成正比。因此，公平原则所形成的利害行为回报机制，对于个体劳动和社会活动效率的提高具有一定的促进作用。尽管公平原则所要求的个体行为在道德境界上并不是非常高，只是要求等利交换行为和通过社会管理系统进行的等害交换行为在道德评价上是善的即可，而不是善的最高境界。因此，较之以无私奉献和以德报怨等行为，其道德价值意义更低，但它对于促进和保障社会的和谐却有非常重要的作用。

公平原则倡导每一个人都有平等享受图书馆服务的权利，同时图书馆应公正平等地对待每一位用户，这是国际上图书馆人共同遵循的重要原则，已成为图书馆的基本职业精神。从伦理学视角来看，图书馆的"公平原则"是人类社会发展的产物，其发展可以体现在从只为少数人服务的古代藏书楼到现代开放的图书馆，而且随着社会的进步，公平原则将会更加深入人心，将是图书馆一直贯彻和遵循的基本原则。所以，在图书馆信息伦理的建设中，坚持公平原则，一方面有利于减少和解决图书馆过去长期形成的用户歧视问题，维护用户公平获取信息的权利；另一方面还可以促使图书馆在以后的工作中采取措施，完善制度，创造条件，以尽可能地关注社会弱势群体，如少数民族用户、残疾人、医院病人等，使他们能够同其他人一样利用图书馆，保障社会基本的信息公平。另外，面对现实社会中"数字鸿沟"的挑战，图书馆在坚持公平原则的前提下，也可在缩小或消除数字鸿沟方面发挥积极的作用。

（二）人本原则

人本原则即以人为本，以人为中心。人本原则是图书馆职业的一个基本伦理原则，要求图书馆信息活动必须做到以人为本。图书馆所提倡的"图书馆是用户的图书馆""图书馆是公民终身学习的没有围墙的学校"等，其思想核心都是以人为本。图书馆应坚持人本原则，包括"以馆员为本"和"以用户为本"两方面。"以馆员为本"是指要尊重馆员，尊重馆员自身发展的需要，肯定馆员的个人价值和取得的工作成绩，激发馆员的工作积极性，挖掘他们的潜力；"以用户为本"就是要将"用户第一"的服务精神贯穿于图书馆的各个环节，全心全意为用户服务。坚持人本原则，反映了图书馆对人的现实存在的思考，是图书馆信息伦理建设的客观要求，是图书馆发展的内在动力，对于营造和谐的社会环境有重要的推动作用。因此，无论是传统图书馆还是数字图书馆都离不开人本原则，都需讲究人文精神。没有科学精神的图书馆，是一种没有生机的、落后的图书馆精神，然而要是缺少了人文精神，则是少了人情味的、冰冷的图书馆精神。

（三）社会性原则

图书馆是人类社会活动的产物，具有明显的社会性。从古代图书馆到近代图书馆再到现代图书馆，在其发展过程中无不体现出不同社会形态的特点，图书馆事业和图书馆各项工作也是始终与社会发展的需要相适应。因此，图书馆信息伦理建设作为图书馆事业的一部分理应坚持社会性原则，以便使其与外部社会环境相适应。

首先，社会性原则要求图书馆信息伦理建设与网络环境相容。信息技术、网络技术的发展与应用，改变了图书馆的服务方式和服务手段，网络成为图书馆提供服务的工具，使图书馆传递信息不再受时空限制。然而，网络不仅给人们带来了便利，也带来了诸多问题，而这些问题也是图书馆亟须解决的课题。因此，图书馆的信息伦理建设不仅要适应当前的信息网络环境，遵守相应的网络伦理规范，还要积极探索相关问题的解决办法。

其次，社会性原则要求图书馆信息伦理建设与精神文明建设相容。图书馆要把握精神文明建设的机遇，响应国家精神文明建设的号召，同时结合图书馆自身的特点，推进图书馆信息伦理建设。

最后，社会性原则要求图书馆信息伦理建设与法律相协调。道德是最高限度的法律，是对人更高层次的要求，而法律是最低限度的道德，是对人最起码的要求。为此，图书馆信息伦理的建设应在法律框架内进行，不违背法律。另一方面，对一些素质不高的从业人员和用户而言，仅仅依靠道德规范的力量来约束远远不够。图书馆信息伦理建设还必须和具有强制性的法律相结合，以此来推进图书馆信息伦理建设的有效实施。

（四）尊重隐私权和知识产权原则

隐私权是个人有保守私人信息且不被他人非法侵扰、知悉、收集、利用和公开的权利。图书馆为用户提供所需要的文献信息服务，在此过程中图书馆掌握的用户信息属于用户隐私的一部分，如用户个人的档案信息、用户借阅的书籍资料、网上检索的信息内容等，这些隐私信息未经当事人同意，均不得任意公开或提供给其他人。图书馆掌握的用户的信息资料，就如同医院持有的病人的信息资料，法律事务所持有的诉讼人的相关信息一样，他们的隐私权应受到充分的尊重和保护。特别是在当前信息成为商品的情况下，个人隐私已成为信息加工和生产的对象，信息犯罪日益增多，尊重和保护用户的隐私从某种程度上就是对用户人身与财产安全的保护。因此，作为全社会文明窗口之一的图书馆，应该在其信息伦理建设中坚持尊重隐私权，从原则上要求图书馆馆员保护好每一位用户的隐私权。

图书馆在对文献信息资源进行组织加工和提供信息服务的过程中，还涉及知识产权的保护问题。国内很多人（包括用户和图书馆馆员）在自己的认知结构中并没有建立起完善的尊重知识产权的概念，如撰写文章的时候引用他人文章不加标注，馆员对于用户到图书馆内复制文献来者不拒。尤其是对数字图书馆来说，知识产权的问题更加突出。在信息时代，由于数字技术、网络技术的使用，用户可不受时空限制将数字图书馆中的作品（开放的内容）随意使用，并且可以较为容易地复制作品，同时隐蔽的网络空间更使得用户的信息道德意识弱化，无法对数字图书馆进行合理使用。因此，图书馆作为学术研究领域的一个重要机构，在图书馆信息伦理的建设中，更应该树立和坚持尊重知识产权的原则，引导图书馆馆员和用户充分了解和掌握必要的知识产权知识，从而使图书馆的信息活动顺利开展，也为建立健全法治社会，纯洁学术研究领域作出一定的贡献。

三、图书馆信息加工问题的伦理对策

（一）制定图书馆信息伦理规范

信息伦理规范是指人们在信息服务、信息收集和传播的过程中需要遵循的伦理道德，它要求信息服务者和信息使用者不得有任何危害社会或侵犯他人合法权益的行为。尽管图书馆信息伦理原则为图书馆确定了基本的信息伦理价值取向，但由于它比较抽象，因此对于具体的信息活动和信息行为，图书馆信息伦理原则却并不能提供可供操作的信息伦理决策依据，而图书馆信息伦理规范却可以为个体提供具体的是非评判的依据，为图书馆信息伦理建设提供强有力的外部支撑。

因此，为制定具体的图书馆信息伦理规范，我们可以从以下几个方面着手。首先，要确定图书馆信息伦理规范的范围。图书馆信息伦理规范不仅应该包括信息资源、用户、职业、所在图书馆及整个社会的行为规范，而且应该包括图书馆用户及其他相关人员对网络环境下图书馆的行为规范。其次，要整合传统伦理资源，借鉴已有的一些相关伦理规范。信息伦理与传统伦理的关系并不矛盾，信息伦理是传统伦理在以信息技术为基础的现代社会中的延伸和拓展。因此，在制定图书馆信息伦理规范时，不仅要结合它自身的新特点，还要注意留意它与传统伦理规范的兼容，让它们实现良性互动。图书馆要从本馆的实际情况出发，根据图书馆信息伦理问题的具体特点，在充分借鉴已有成果的基础上进行不断地创新，制定出内容完善且符合图书馆自身实际需要的信息伦理规范。

从一定意义上来说，图书馆信息伦理规范可以有效地规范馆员和用户的行为，帮助馆员提高服务质量与水平，同时还可以让社会公众参照明文规定的道德规范，监督馆员的行为，促进图书馆事业的良性发展。

（二）开展图书馆信息伦理教育

开展图书馆信息伦理教育主要是为了增强网络环境下图书馆馆员和用户的道德自律，提高他们的信息素养，包括信息意识素养、信息技能素养以及信息伦理素养，其中信息伦理素养的提高是信息素养得以进步的保证。具体来说，主要包括以下几个方面。

1. 公共信息伦理教育

公共信息伦理教育的对象是社会全体公民，不仅要教给人们有关的网络知识和信息技能，更重要的是要教育人们正确合理地使用网络，而不被网络所累。图书馆馆员作为信息服务者，毫无疑问应首先具有普通公民所必须具备的信息伦理品德。

公共信息伦理教育的内容包括：第一，遵守基本的网络礼仪和规范。网络礼仪是网络行为文明程度的标志和尺度，只有当使用互联网的人们懂得遵守规则并懂得塑造网络形象时，互联网的效率才能得到有效发挥，网络活动也才能有组织、讲文明地进行。例如，网络用语要文明规范，不要在网上发布不负责任的消息和言论等。第二，尊重个人隐私和知识产权。互联网的广泛应用使个人隐私受到了前所未有的威胁，大多数人的隐私保护意识还较薄弱，在社交类网站上进行实名注册，容易导致泄露个人隐私。此外，尽管中国的知识产权法制处于较先进的地位，但是法律的健全并不代表国民知识产权意识的提高。信息伦理教育就是要提高人们的知识产权意识，因此，要教育公民尊重他人的隐私权和知识产权。

2. 信息伦理基本理论教育

信息伦理基本理论教育就是教育人们掌握信息伦理的基本理论知识，

如信息伦理形成的时代背景，信息伦理的概念、特点和基本原则，信息活动的伦理维度与评价准则等。我国信息伦理的研究起步略晚，包括一些图书馆馆员在内大多数人都没有完全了解信息伦理，但近年来却面临着许多尖锐和复杂的信息伦理问题。因此，作为现代公民，尤其是作为信息从业人员的图书馆馆员，掌握信息伦理的基本理论十分必要。馆员只有不断学习，才能不断提高自身素质，只有在掌握了一定的信息伦理的基本知识之后，才能用于指导自己的实际工作。

3. 职业信息伦理教育

由于图书馆是提供信息传播和服务的专业机构，馆员的职业素质与信息开发、信息传播和信息使用等环节紧密相连，同时也关系着图书馆事业和信息事业的发展。进行职业伦理教育活动，可以使图书馆信息伦理规范逐渐转化为馆员的自觉行为，提高他们的职业修养。馆员的职业信息伦理教育主要包括以下几个方面的内容。

（1）树立以用户为中心的信息伦理观念

这是图书馆信息伦理教育相当重要的一部分，互联网为人们提供了丰富的信息资源，用户获取信息的途径和方法呈现出多样化的趋势，而不再仅限于图书馆，图书馆面临巨大的竞争压力。在这种条件下，图书馆如果不充分考虑用户的需求，不为用户创造更多的便利条件，那么用户就不会选择图书馆，图书馆也就不能发挥自己的社会价值。因此，要通过职业信息伦理教育，让馆员充分认识到为用户服务是图书馆职业道德的根本，关心、爱护和帮助用户是自己的基本义务。

（2）培养馆员信息平等的观念

培养馆员的信息平等观念，有利于促进信息公平，减少用户歧视现象造成的社会矛盾。此外，图书馆馆员还应更多地关注社会中弱势群体的信息需求。例如，国际图联就专门设有弱势人群服务图书馆专业组，以此来关注那些无法利用图书馆常规服务的特殊人群。

（3）尊重知识产权和隐私权

图书馆馆员作为信息从业者，其从事的工作从本质上来说就是传播知识，所以尊重知识产权应该成为他们的基本职业道德。关于隐私权，我国图书馆学会和图书馆除了要制定本行业或本馆的个人资料隐私保护政策和措施，还要对馆员进行保护隐私权知识的培训，让他们掌握保护隐私权的相关技能。

（4）保证信息的可靠性

图书馆馆员的职责是为用户提供文献信息服务，为此，确保信息的准确和可靠是馆员职业伦理的客观要求。图书馆要教育馆员谨慎地对待信息，不人为地制造一些垃圾信息提供给用户，造成信息污染。同时，让馆员尽量采用先进的信息传递手段和方法，以减少信息传递过程中出现的错误。此外，职业信息伦理教育还要注意最大限度激发图书馆馆员的职业荣誉感，使图书馆馆员热爱自己的岗位和工作，以积极、健康、热情的心态投入图书馆的工作之中，提高文献信息服务的效率。

总之，图书馆信息伦理教育所包含的内容比较多，职业信息伦理教育是对公共信息伦理教育和信息伦理基本理论教育的深化和细化，而后两者是前者得以进行的前提和基础。图书馆可以通过举办信息伦理知识培训班、信息伦理专题研讨会进行信息伦理教育。同时，图书馆应将有关培训、讲座、研讨会等动态信息，通过图书馆主页、电子论坛发布，以使用户知悉。

（三）推进图书馆信息立法

信息伦理的实施依赖于人的自律，是一种软性的社会控制手段，当面对较为严重的信息犯罪行为时，信息伦理规范就不能发挥作用。所以，在图书馆信息活动中不仅需要信息伦理规范，还需要信息法律，对给图书馆造成严重后果的行为依靠法律的强制力进行有力的打击。此外，有关的法律法规还可以明确图书馆在现代信息社会中的重要地位和作用，比如，通过国家信息法律可以加强国家对图书馆事业的宏观调控，对图书馆在国民经济中的地位和作用进行强化，可以有力地保证图书馆的经费来源，从而为图书馆解决各种问题（包括信息伦理问题）提供充分的经费保障。因此，加强图书馆信息伦理建设，也要充分考虑信息法律的作用，积极地将一些最基本的、成熟的图书馆伦理规范内容引入到相关的信息法律条文之中，把信息法律的强制性和信息伦理的自律性紧密结合起来，以便有效地维护图书馆的正常运作，促进图书馆的健康发展。

（四）利用技术保障手段

首先，利用技术手段，可以在一定程度上确保图书馆信息资源的准确、可靠。互联网是世界上最大的信息库，收录信息最多、最广泛，就像信息世界的海洋，所以它也为信息时代的图书馆信息资源建设提供了丰富的信息源。但是不得不承认，网络中始终充斥着大量无序和混乱的信息，因此，网络环境下图书馆要采取必要的技术手段，对图书馆从互联网上获取的信息资源进行筛选和过滤，建设一个良好的信息环境。其次，采用技术手段，增强图书馆网络系统的安全性。例如，可以采用行之有效的数据加密、数据隐藏、防火墙、入侵检测以及访问控制等技术手段对入侵、破坏系统的行为进行严密的监测和防范，在技术上使系统获得强有力的安全保障，增强图书馆系统的可靠性，有助于减少失范信息行为。再次，采用技术手段，合理控制馆员在业务管理和数据库管理系统中的权限，对系统管理员的数据级操作权限进行合理的设置，使得图书馆计算机管理系统在满足图书馆管理的风险控制需要的同时，有效防止因权限过大而导致的伦理风险。

综上所述，加强图书馆信息伦理的建设是一项复杂的任务，图书馆信息加工问题几个方面的措施各有侧重，彼此又相互联系。图书馆信息伦理规范的制定是开展信息伦理教育的基础和前提，图书馆信息立法则是对信息伦理规范的重要支撑和补充，三者共同构成了图书馆信息伦理建设的主体，而采用技术保障手段则可以对失范行为进行防范与监控，是对前三者必要的补充。由此可见，图书馆信息伦理建设的这四个方面是相辅相成的关系，它们共同为促进图书馆信息伦理的建设贡献自己的力量。

第五节　图书馆信息加工的具体方法和零次信息的加工

一、图书馆信息加工的方法

信息加工没有共同的模式，信息加工整理的目的是为读者提供服务，要更好地实现这个目的，就需要正确运用加工整理的基本方法。最常见的方法如下：

（一）主题整理法

分类法是科学研究常用的一种方法，通过把来源不同、角度不同、内容各异的大量信息按不同标准进行归纳分类，使之系统化、条理化，存贮、使用时就更加快捷、方便。很多图书馆检索系统都是按照分类法来检索，为了弥补分类编排法的局限性，建议把处于同一主题而散布于各个学科中的文献信息按照主题字顺的编排集中在一起。每个主题下所辑录的条目，不论属于哪一学科的文献，只要其中包含契合主题条目内容而且有价值的论述，都可以收列在相应的条目之下，为用户能够找到某主题相关信息的具体位置，提供了迅速便捷的条件。对于原始文献，因对其加工抽取主题词，使用户在一个主题下就可以得到解决某问题的多种文献和途径，信息检索难度也随之下降。

（二）比较整理加工法

对比法也是科学研究中常用的一种方法，具体运用起来变化比较多。例如，要将已获取的信息与原定目的所需的信息进行比较，若发现存在出入，应及时进行修正；对服务于同一目的的两个或几个信息进行比较，决定取舍；通过对比的方法，强调某一信息反映的主题。这种对比，有纵向比较，就是某一事物自身发展的今昔对比；有横向比较，就是将某一部门在某一阶段的发展状况与同类部门在同一阶段发展状况的比较。无论哪种对比都要明确目的，从而准确地从对比中获取所需的信息。

（三）追踪整理加工法

追踪整理法也叫作"打破砂锅问到底"法。在获取的信息表面之后，往往隐藏着有潜在价值的信息。如果采用追踪法，不仅对现有的信息有更深了解，而且可能发现其具有潜在价值的信息。例如，按所提供的某一主题层层推进，追根溯源，将信息之中蕴藏的潜在价值挖掘出来；对信息中有一定价值取向但尚无定性的问题，进行跟踪。待事物明朗以后，再整理出可用信息。如果善于利用这种方法，则可能在信息加工过程中（尤其是经过一段时间积累之后）有创造性发现，这是信息增值的主要方法之一。

（四）预测整理加工法

预测整理加工法是推动信息增值的方法之一。事物的发展有一种不以人的意志为转移的客观规律，人们正是通过对客观规律的认识和了解，才使客观规律为人们所用。信息的加工不仅要建立在对已显现于事物表面的客观规律的认识之上，而且要把握事物的发展方向，这就需要获取具有预测性的超前信息。预测法就是通过纷繁复杂、瞬息万变的信息，抓住带有一定倾向性和苗头性的事件，预测发展方向，为科研教学人员提供见微知著的信息，以帮助他们作出正确的判断。这种方法是信息加工的最高形式，采用这种信息加工方法，要求分析有理，定性准确，这需要充足的信息来源、较为深厚的理论基础以及捕捉信息的能力。

总而言之，图书馆要充分研究信息目标人群，对信息进行深层次的信息加工。图书馆应由单一的、封闭的图书楼向用新技术武装的、多功能的、产业化的信息中心转变，把生存与发展的立足点，从揭示一次文献转化到充分利用信息资源，主动为科研教学服务上来。发挥图书馆在收藏科技、社会文献资源方面的优势和信息人才优势，为社会各界及时地提供信息服务。图书馆在提供优质的图书、报刊等文献资料传统服务基础上，应抓好具有馆藏特色的数据库、信息网索引建设，完备各种检索工具，为定题信息服务、定制信息服务打下坚实的基础。要着重调查研究和收藏读者需求信息，主动开发信息，采取各种方式满足用户需求。

二、图书馆信息资源加工发展策略

（一）转变观念、提高认识，创造有利于信息资源整合的良好环境

信息资源加工作为一种全新的资源管理方式，其获得实施和推广的关键并不在于客观条件是否完备，而在于人们对它的理解和接受的深度与广度。作为新生事物，信息资源加工的理论和技术方法不可避免地遭到质疑，甚至排斥，但也正是在这个过程中人们才会更加全面深入地对它进行了解，观念也才会逐渐发生转变，只有在信息资源加工的观念逐渐被人们接受后，加工建设才会得到全面的应用和发展。

因为信息资源的加工必然会牵涉到各方面的经济利益和社会利益，必须要求从主管领导开始，如果没有主要领导的参与和支持，信息资源的整合势必会流于形式。而且要求各图书馆进行"系统思考"，克服本位主义，从整体利益出发，顾全大局，使我国图书馆信息资源加工进入一个全新的阶段。

（二）加强加工技术培训，建设一支资源加工的专业人才队伍

人才是图书馆信息资源加工的根本，信息资源加工是一个新兴课题，对专业队伍的知识和技术提出了新的要求，专业队伍素质的高低、数量的多少都在制约着信息资源加工的进一步发展。因此，图书馆在信息资源加工过程中，培养一支既具有丰富的学科专业知识，又具备高水平的专业技能的人

才队伍是最重要的。如果不具备这一条，信息资源加工就是空谈。

信息资源加工的任务不单单是图书情报专业人士能够独立完成的，图书馆信息资源加工对信息技术的高度依赖性，使得软件公司越来越成为信息资源加工中不可忽视的重要技术力量。我们必须积极吸纳各方面的力量，扩大社会参与面，为信息资源的加工争取更多的参与力量。

（三）加强宏观调控，制定和完善相关法规

图书馆信息资源加工是一项科技含量相当高的系统工程，其对我国信息资源建设能够起到关键性的作用，它需要大量的信息资源支撑，需要复杂的高新技术支持，需要国家投入大量的资金，所以必须建立一个能够统一指挥、统一管理、协调发展的管理职能机构，负责各图书馆的信息资源建设、布局、共享及优势互补的总体规划，组织实施图书馆合理配置信息资源，并对自动化、网络化建设与发展进行统一规划和指导。

完备的法律制度是图书馆信息资源加工工作的行动指南。为保证各图书馆之间的利益和职责，必须制定出相应的政策法规，规范其信息行为。法规必须对信息资源加工的社会地位、经费保障、成员权利义务作出明确的规定，必须对信息资源加工引起的一系列问题如版权保护、采集、编目、检索等制定统一运行的标准规范，必须保证各参与者及时、平等、公平地分享信息资源加工的利益。

（四）提高加工技术，推出具有自主产权的加工平台系统

加强新技术、关键加工技术的研究和开发，图书馆各类信息资源的不断增加，二次文献数据库和全文数据库数量也越来越多，如何在这些不同来源、不同格式的数据库之间，以及它们与图书馆 OPAC 系统之间建立有机联系，使图书馆这些信息资源形成一个统一的整体，是现代图书馆追求的目标和今后服务工作得以顺利开展的重要内容。图书馆信息资源加工技术，要从加工的资源类型、流程、电子资源链接、技术环境等方面，使图书馆各类复杂的数据和信息之间的关联变成简单的链接，它不仅能完成从二次文献到全文的链接，而且能实现从文摘到文摘、从参考文献到全文的链接，使图书馆所有的 Web 资源形成完全融合的整体。

（五）组织力量统一数据库系统的构建模式

搞好图书馆信息资源加工工作，应当建立一个全国性功能齐全、运转

迅速的信息资源优化加工与开发利用的网络和资源布局保障系统，目前最简便的办法就是以 CALIS 为依托，加强各个图书馆的特色馆藏建设，统一网络环境，加强软件、硬件和技术支持，加强图书馆信息资源的数据库建设，尽快完成全国图书馆联合目录数据库的建设。在图书馆信息资源共享网络中心，建立公共查询系统，以集体契约方式购买全国联合编目中心的 MARC 数据和国外的文摘索引类书目信息数据库，通过成员馆的分工协作，建立全国统一的图书馆馆藏联合目录和公共查询系统。

建立规范化、标准化的电子交换书目数据库，图书馆可以依此来查重、登录、催缺、加工预订目录和新书报道。在此基础上建立统一协调的联合采购机构，从宏观上对信息资源的合理配置进行调控。建立统一的馆际互借系统，处理馆际互借的相互联络、借出馆的信息资源在库情况、预约借阅等。

（六）吸取和借鉴国外先进经验，加快信息资源加工建设

在全球一体化的大背景下，信息资源已经成为国家的重要战略资源和巨大财富，在建设信息资源加工过程中，必须有选择地吸取国外的先进加工经验，充分利用信息技术和信息网络所带来的发展契机，大力开发图书馆信息资源，在标准化的管理上要与国际接轨，从技术标准、安全控管、业务操作等方面充分学习和借鉴国际标准和经验，注重沟通和合作，强调以读者为中心的服务模式。

（七）内外兼顾，加强信息资源加工系统的安全管理

威胁信息资源安全的因素主要有外部侵入和内部破坏两个方面。对于外部侵入可以采取设置防火墙、对内外网实行物理隔离等方法加以防范；内部破坏既包括破坏计算机系统，也包括越权处理公务、窃取机密数据等。要有效防止内部破坏，一方面必须完善相关政策法规的建设，特别是对网络的建设、管理和维护都应制订必要的规定和约束，让破坏者无空子可钻；另一方面主管部门还必须不断提高反病毒、反"黑客"的水平，将破坏活动消灭在萌芽状态，确保信息资源加工过程中管理和服务的可靠运行。

三、图书馆零次信息的加工

（一）零次信息的特性

1.多样性

零次信息的形态多种多样，有口头的，也有实物的。零次信息的存贮

载体和传递载体大部分为自然物，如听觉通过声波，视觉通过光波，触觉通过相互作用等。零次信息也有人工载体，如电话、电视、广播等。

2. 新颖性

常言道"听君一席话，胜读十年书""出你之口，入我之耳"。这种信息有效地弥补了一般公开信息从其客观形成到公开传播之间费时过多的不足。因此可以说，零次信息来得最快，出现得最早，是最新的信息。

3. 原始性

零次信息大多是未经加工的材料，它反映的基本上是信息在客观形成阶段的本质内容。因此，它是人们快速获取真实信息或掌握第一手材料的最重要的来源，它保留着信息的本来面目，直观、真实、原本。

4. 适用性

零次信息没有数据失真、乱假、背景条件缺乏等缺点，它比一般的公开信息价值高、作用大且适用性强。

5. 短暂性

零次信息存在的时间短促，有效期短，失效快，更新也快。

6. 隐蔽性

零次信息多半是隐蔽的，不显现出来，主要靠信息人员去捕捉和挖掘。

7. 分散性

零次信息在空间上的分布很零散，星星点点地掺杂在各种事物中，需要去分析去提取，给搜集工作带来诸多困难和不便。

8. 普遍性

零次信息普遍地存在于大自然和人类社会中，凡是有人群的地方便蕴藏着丰富的零次信息。

9. 廉价性

零次信息多是免费提供的，人们可以自由地获取，不需要付款。但必须靠自己的能力和本领去发现、捕捉和吸收。

10. 非检索性

用检索工具和方法得不到零次信息，只有深入零次信息现场，才能获得它。

由此可见，零次信息有其独特的价值，它能启迪人的智慧，触发人的灵感，引起人的联想，推动人的思索。它是探索者的向导，是成功者的希望。因此，对零次信息进行搜集加工，及时把它奉献给读者，这是图书馆信息工作者的一项重要任务。

（二）零次信息的加工

在图书馆行业，乃至整个社会，还没有任何单位和部门成立对零次信息的搜集整理及开发利用的专门机构，仅仅是对零次信息的价值给予了肯定，甚至对忽视零次信息而造成的重大损失感到惋惜。对零次信息的价值研究和开发利用也只是一种设想和构思，根本没有提升到具体研究的日程。

信息资源可以直接使用，可以通过检索获取，也可以直接采集，还可以进行深层次地加工和开发后再提供使用。由于零次信息通常是通过非检索途径获得的，而且其保存相当困难，所以在提供使用之前，必须对零次信息进行分析和加工，将其升级为文献信息形式，形成信息产品，这样才能实现零次信息的效能。零次信息加工形成的产品既可以是动态简报、专题报告、预测分析、背景资料，也可以是综述、述评、理论总结、对策与构想报告，甚至可以是专用数据集或数据库。所有这些形式大体可分为消息类产品、数据类产品和研究报告类产品三种类型，在这一方面与信息没有太大差异。

（三）图书馆零次信息加工利用的现状

当今乃信息世界，图书馆作为社会文献信息系统中主要的子系统之一，应突出其信息功能，在信息的开发与利用中实现其应有的价值。零次信息面广量大，居各类信息之首，其价值作用越来越受到社会的重视。图书馆加强信息功能，应注重于零次信息的深入挖掘和高效能应用。各行各业都希望把握最新的、最具有价值的信息，创造一个最为领先的生存和发展平台，而零次信息即成为竞争中的制高点。图书馆不能只满足于提供整本书刊，应转变到希望获取具体的数据、事实和切题的全文，也不能只局限于对书刊的加工、整序和提供利用，而要组织管理好信息资源，担当起知识导航的重任。这就是说，必须扩大图书馆的职能，将工作的重心从书刊的组织利用转移到信息资源的开发利用上来。其中，也必须包括对零次信息价值的加工和开发利用。

当前，世界信息环境呈现出一些新的特征，信息资源日益取代自然资源成为经济发展和社会进步的"第一资源要素"，人们可获取的信息越来越多，远远超过了消费控制能力，信息过剩、信息超载和信息污染日益严重，这一信息环境既充分满足了社会信息需求，也对信息消费形成了前所未有的挑战。因此，图书馆在加工升级零次信息时同样也面临着挑战。

图书馆在信息资源的开发利用方面主要是图书馆的读者工作，包括文献整序、流通推广、情报服务和信息交流各个环节。而对零次信息的开发和利用至今没有任何议案。针对零次信息的开发利用，图书馆应该充分利用自我优势，把客观存在于社会生活中，通过人的视觉、听觉、触觉等观感形成的，通过言语、神情、动作、气氛等表象形式传播出来的零次信息资源（包括网络语言）加以开发利用。把这些具有大数量、多类型、多媒体、少规范、跨时间、跨地域、跨行业等特点的零次信息，以及一些分布广、构成缺乏结构和组织、传播具有较大的自由性和任意性的零次信息，搜集在一起，对其价值进行论证和分析。

（四）图书馆零次信息的加工利用模式

1.人力资源的准备

（1）培养图书馆馆员零次信息价值意识

零次信息是未来社会发展竞争的主要信息资源，也是非常重要的战略资源。它是社会的财富，决策的依据，企业的生命，科学的先导，必将促进社会、经济发展与进步。在这种形势下，图书馆必须从时代的高度增强零次信息的价值观念，这是深入挖掘零次信息价值的首要环节。

（2）努力提高图书馆零次信息的处理能力

图书馆没有专职的零次信息工作队伍和人员，对零次信息的搜集加工和升级的能力还比较有限，与传统的信息搜集应用相比，存在相当大的差距。因此，一方面要对从事零次信息管理的工作人员进行专业训练，以适应时代的要求。图书馆应选派有比较高的学历，熟悉一定的专业，掌握必要的先进知识和技术，精通一门以上的外语，有比较强的适应能力和应变能力的人员担任此项工作。

2.模式

（1）搜集整理记录

有计划地将零次信息记录下来，以期通过图书馆这一途径的辐射力和扩张性能，最大限度地传播零次信息。

（2）选择分类评析

有选择地、有针对性地将零次信息进行分类，并进行组织排序，形成零次文献或者一次信息抑或印刷型出版物，以期最准确、最有效地满足各类用户的需求。

（3）建立服务网络

广、快、精、准地为社会各界提供有价值的零次信息。有价值的零次信息具有鲜明的特点和优势，深入挖掘并高效能利用其价值，已成为社会各行各业信息工作人员的首要课题，图书馆对零次信息的加工升级和开发利用并建立起服务网络是一项重大任务。

3. 工作流程

（1）建立系统完整的零次信息记录和评价分析系统

零次信息都是某学科领域和相关学科的根源，其集中反映了某学科发展的现状，具有连续系统的特点。因此，一旦确定零次信息的价值，就要记录加工成零次文献，并及时提供给与之相配套的有关单位，特别是具有决策性的单位。并且要围绕这一信息源持续不断地采集下去，不可中断，一旦发现新的情况，应及时查明原因并予以改正，而对一些不能运用的零次信息，则要认真加以收藏归档。

（2）抓好零次信息的深层开发工作

现阶段科学技术不断分化，又不断综合，学科之间相互交叉渗透，相互联系显著加强。信息源所反映出的零次信息，由于传播反馈的媒介作用，往往并不是信息价值的本身体现。特别是语言类信息，在传播过程中听众自觉或不自觉地对信息进行加工，使信息与原体本来面貌存在比较大的差距，甚至会完全失真。

因此，对信息价值的评定存在比较大的困难。解决这个困难的唯一途径就是进行深层次的开发工作。实践表明，对零次信息的源头探索，是检验其价值的根本依据。另一方面，还要将零次信息与相关用户及时连接起来，同时要了解各学科领域的最新研究成果、研究动态、研究热点以及学科发展方向的预测信息等，从而将相关零次信息及时提供给某一领域的研究者。深层次地开发零次信息，能够极大地提高零次信息的有效利用率。图书馆对零次信息的深层次开发还应重视对社会的开放。向社会及时提供各种有价值的零次信息，组织有偿服务，既可为社会科技和经济建设发挥有益的效用，又能够为深入开发零次信息注入新的生机和活力。

（3）加快零次信息管理的现代化进程

我国图书馆计算机管理工作正全面加速，有的图书馆还积累了比较丰富的经验，但总的水平不高，无法完全适应信息时代的要求。图书馆快速高效地对零次信息进行管理，必须紧紧依靠现代高科技管理技术。

（4）实行零次信息与零次文献一体化管理体制

我国大多数图书馆都将零次文献与一次文献共同管理，或者各自为政。在研究开发零次信息价值时，应将零次信息与零次文献共同管理。在加工升级零次信息工作中，要充分掌握足够的信息资源，否则对零次信息价值的分析评价将无用武之地，无法充分发挥其应有的作用。将零次信息与零次文献融为一体管理，可保证信息工作者直接掌握主要的信息来源，便于信息的及时加工、编目，加强文摘、索引、主题目录的编制工作，便于信息的快速、高效利用。它还利于对资料进行集中统一管理，最大限度地减少重、漏、少、缺等现象的发生。

零次信息和零次文献一体化管理，最佳途径是设置零次信息处理工作部。工作部下设几个业务部门：零次信息资料采编室、零次信息资料阅览室、零次信息价值分析室、零次文献检索室。图书馆认真加强零次信息的开发利用工作，必将有力地推动自身的建设，并影响全社会的信息产业，也将在信息时代产生较为深远的影响。

第六章　图书馆的推广服务管理

第一节　阅读推广服务管理基础

一、理念与实践有机结合

阅读推广服务工作管理主要是一种实践活动，其过程自始至终都必须有管理理论指导，其管理行为符合管理基本原理，并通过管理实现降低成本、提高效益的目标。从本质上说，这一点与企业管理是一致的，可以说是管理的普遍规律。但阅读推广服务是公共图书馆的职能之一，同时需要符合自身固有的服务理念，需要把服务理念贯彻始终，保持正确的方向，否则，背离理念的管理，效率越高，离目标越远。

二、公平与效率有机结合

公共图书馆的使命之一是实现社会信息公平，这也是阅读推广服务工作管理的前提。图书馆希望能有足够的资源开展阅读推广服务，使阅读推广服务工作的受众最大化，但公共图书馆所拥有的资源相对于需求而言总是稀缺的，这就决定了阅读推广服务工作必须讲求效率，资源的稀缺性决定了缺乏效率就实现不了公平。同时，公平和效率永远是一个相对的概念，没有绝对的公平，也没有最高的效率。阅读推广服务工作的管理，就是在公平与效率之间寻找平衡点，因此，必须使公平与效率有机结合。

三、传统与现代有机结合

在数字化时代，阅读的载体、方式、技巧已经多元化，阅读的需求也呈现多样性，关于与阅读相关问题的讨论和观点众说纷纭，阅读推广服务当然需要适应这种变化。图书馆对读者阅读什么，在什么地方、什么时间、用什么载体和方法阅读，怎么阅读等，没有干预的权利，而应该从发现读者的需求出发，根据需求提供阅读环境和阅读资源。所以在阅读推广服务上，图书馆需要全方位精心策划和组织，既针对纸本阅读，又兼顾数字阅读；既针对研究型阅读，又针对碎片化阅读；既不干涉阅读自由，又有针对性地开展阅读指导服务。

四、宏观与微观有机结合

阅读推广服务工作的目的是让人民群众享有平等的阅读权利，并养成阅读习惯，从而建立书香社会。这其实是公共图书馆使命的组成部分。要实现阅读权利的平等，阅读条件、阅读资源、阅读服务的均等化就成为首要问题。因此，阅读推广服务工作的管理，宏观上涉及公共图书馆服务体系的建设，微观上可以针对一项阅读活动的开展。这些使得阅读推广服务工作的管理较为复杂，管理中涉及的问题也会比较多。

第二节　阅读推广服务工作的规划和资源管理

一、阅读推广服务工作战略规划的意义

（一）促使公共图书馆重视阅读推广服务的环境

通过分析和审视环境，可以发现环境的变化究竟给图书馆的阅读推广服务工作带来了机遇还是带来了威胁。读者的需求、政策的导向、行业的发展、馆员的素质、经费的来源，都可能对阅读推广服务工作的广度和深度产生影响。制订规划，就事先掌握了目标，既有利于控制过程，又营造了重视阅读推广服务的内部环境。

（二）有利于调动馆员的积极性

通过参与编制战略规划，发挥馆员的主人翁意识，激发馆员的紧迫感和挑战欲。如果战略规划中还涉及组织文化、薪酬分配、奖励机制等与馆员个人利益挂钩的措施，将更有利于馆员积极性的提高。

（三）有利于提高服务效益

通过编制和实施战略规划，图书馆一方面会越来越了解市民的需求，使活动更加贴近市民；另一方面通过分析环境，能扬长避短，整合资源，使阅读推广服务工作不断降低成本，提高效率。

二、阅读推广服务工作战略规划的编制

编制阅读推广服务工作战略规划，是一项非常专业的工作。所谓专业，既有战略规划编制本身的专业，又有图书馆自身的专业，具体来说有这样一些步骤。

（一）需求分析

用户对阅读的需求相对于公共图书馆阅读推广的能力而言是无限的。公共图书馆开展用户需求分析，首先是看用户需求是否在公共图书馆使命范畴之内；其次是按照需求的受众面、重要性、持续性，厘清满足需求的次序；最后是发现已有资源情况与满足这些需求所需资源之间的差距，寻找对策。

随着时代的进步，用户需求会发生变化。在中华人民共和国成立初期，部分不识字的人也有阅读知识的需求，公共图书馆大量开展汉字知识普及培训，帮助读者提高读写能力。现今，虽然不识字的人已经很少了，但随着数字技术的发展，许多老年读者缺乏利用计算机的技能，对于计算机的使用还不太了解。

（二）环境分析

开展环境分析的目的是确定外部和内部环境对图书馆阅读推广服务工作的影响，判断环境能起促进作用还是会带来威胁。

公共图书馆存在于社会中，经济发展是否良好、社会文明程度的高低、当地文化是否昌明、历史积淀是否深厚等，都影响着公共图书馆的阅读推广服务工作。同时，公共图书馆阅读推广服务工作的数量多少、质量优劣、效益高低，又影响着当地市民的科学文化素质，进而影响着当地经济和社会的发展。这种相互影响，是一个动态的过程，对公共图书馆阅读推广服务工作来说，有的是机遇，有的是挑战，有的是威胁。多种因素的综合，有时还会产生不同的影响。所以，对于战略规划而言，环境分析是一个重要环节，分析得正确与否，决定战略规划编制的质量，也决定了以后阅读推广服务工作的成败。在战略规划的制订或维护中，应该规划一些能形成社会影响或强化自身品牌的阅读推广服务活动，在相关指标上也应该做出适当调整，并策划与之相适应的方案和措施。

（三）设定战略目标

设定战略目标要注重科学性、先进性、合理性、可操作性的有机结合。

所谓科学性，是指战略目标符合公共图书馆的使命和理念，符合用户需求；所谓先进性是指完成战略目标需要一定新思想以及新技术；所谓合理性是指完成战略目标所需的资源有所保障，使战略目标的实施可持续；所谓可操作性是指战略目标的实施要有科学的方法。

所以，战略目标的设定应该注意四个方面。一是战略目标设定要符合公共图书馆的使命。公共图书馆开展什么样的活动，应该在公共图书馆使命的范畴之中，否则就会分散公共图书馆阅读推广服务工作的资源。二是战略目标的设定需要符合理念，使阅读推广服务工作成为公共图书馆服务的有机组成部分，受众面要宽，能使大多数读者平等地享受阅读推广服务工作的成果。三是战略目标的设定要符合公共图书馆的整体战略，有利于公共图书馆的发展和使命的完成。四是战略目标的设定要顾及公共图书馆的自身资源的实际，实现战略目标往往需要若干年之久，所以这些资源要足以支撑到战略目标的实现，而不能半途枯竭。

（四）战略规划实施方案的专业设计

所谓提出实施措施，是指制订战略规划的具体实施方案。虽然战略目标是在分析需求、分析环境的基础上提出来的，但完成这些目标是一个长期、艰苦的过程，需要策略、方法和措施，特别是针对一些超常规发展的目标，没有特别的方法和创新的措施是不可能完成的。

制订战略规划的最后阶段，是策划和制订具体实施方案。方案针对每一个战略目标而定，即每个战略目标都需要有具体的方案。方案的制订，可以让具体的实施人员一起参与，创新思路，群策群力，便于今后的实施。

在实施方案的制订中，最关键的工作是专业设计。阅读推广服务是专业性很强的工作，特别是公共图书馆开展的阅读推广活动，一定要遵循公共图书馆的理念，体现公共图书馆的专业性，否则就无法成为公共图书馆的阅读推广服务工作。从表面看，任何机构、任何单位都可以开展阅读推广工作，但站在专业化的角度，公共图书馆的阅读推广工作从设计时就体现了专业性。这种专业性，行业外可能并没有太大的感觉，但正像一台专业化程度很高的机器，其组成的构件、螺丝钉等并没有什么专业性，关键是用什么专业进行设计安装。

三、战略规划的动态维护

由于战略规划是对未来的设计，而外部环境和内部环境的各种因素又一直处于变化之中，战略规划的实施及实施的程度又影响着内外环境，所以，战略规划一般需要每年进行维护，以适应未来的不确定性。

所谓维护，实际上是对需求、外部环境、内部环境、实施结果等进行调查、分析和评价，并在此基础上对战略规划进行修正，同时调整年度计划和实施方案。这种调整使战略规划符合环境变化，引导公共图书馆阅读推广服务工作有序、健康推进。

四、阅读推广服务工作的资源管理

（一）场馆

阅读推广服务工作不同于广场文化，大多数活动在室内举办，不仅有专业特性，而且需要根据主题营造环境，因而在建设图书馆场馆时，需要设计和建造适合阅读推广活动的场所，如讲座需要报告厅，展览需要展厅，亲子阅读需要专门的活动室等。

场馆条件准备还包括阅读环境的营造。由于阅读环境一般需要依附于建筑和空间，因此要把阅读环境营造也纳入场馆条件。如深圳图书馆的"南书房"，是一个用于开展经典阅读、品鉴、交流的场所，虽然没有装修成中国古典书房的形式，但利用了中国书房的元素和线装图书陈列，营造出经典阅读的氛围。苏州图书馆的"悦读园"是专门为开展"悦读宝贝计划"而设计装修的，利用玩具式的家具、明亮多变的色彩、卡通童话图案等，为幼儿的阅读活动营造了可爱、欢乐的阅读场景，使孩子因喜欢这样的环境而增加参加图书馆阅读活动的意愿。

公共图书馆服务已经进入普及均等时代，作为公共图书馆服务内容之一的阅读推广服务工作，也必须把普及均等理念贯彻始终。之前有提到过，阅读推广活动大多数需要借助公共图书馆的场馆，因而作为阅读推广服务工作条件的场馆，也需要按照均等化的要求科学布局。这要求一方面公共图书馆场馆建设必须实现网络化、体系化、全覆盖；另一方面阅读推广服务工作必须深入社区、深入分馆，让读者能够就近便捷地参与阅读推广活动。

（二）文献

阅读推广活动的最大特点是围绕阅读，而阅读离不开文献。阅读推广服务工作的目的是推动阅读，而且在活动过程中，往往需要相应的文献配合，如"一城一书"、阅读品鉴、亲子阅读等活动。

在数字时代，阅读推广也需要有数字化文献的准备，如"一城一书"活动，如果人手一本纸本图书，则需要的复本量是相当巨大的，但如果结合电子图书借阅，大家可以利用计算机、平板电脑、手机等载体来阅读就方便多了。

（三）人才

在阅读推广服务工作中，最重要的资源是专业人才。许多图书馆的阅读推广活动之所以有自己的特色，是因为有相应的特殊人才。在阅读推广服务工作的策划、方案制订中，就应考虑到这样的策划是否具备相应的专业人才来支撑。在资源的准备过程中，根据方案和活动预期寻找和确定专业人才是十分重要的工作，将决定阅读推广服务工作的成败。

如同场馆建设，阅读推广服务工作的专业人才需要进社区、进分馆。实现这一目标，最简单的办法是社区分馆的馆员具有阅读推广服务的专业素养，既能承担图书馆服务工作，又能按照总馆阅读推广工作计划承担阅读推广任务。但限于现有体制，这又是最不容易实现的目标。只有很少地区的总分馆是紧密型结构，分馆工作人员由总馆派出，总分馆完全处于同一个管理单元之中。如果分馆不是总馆真正的派出机构，分馆的馆员不是总馆派出，则分馆和社区就会缺乏专业馆员，从而制约阅读推广服务的专业化程度，使阅读推广服务的专业化和均等化大打折扣。解决这个问题的措施是总分馆实行紧密型管理而不仅仅是文献资源的通借通还。

（四）资金

虽然说为人民群众提供普及均等的公共图书馆服务是政府的责任，但一部分公共图书馆缺乏阅读推广服务的专项资金，资金不足成为部分公共图书馆阅读推广服务工作的制约因素，甚至是最主要的因素。在资金上这两种倾向都不正确：一是不主动，一切都等待政府负责，资金依赖政府；二是不计划，不为政府的工作着想，也不考虑节约成本。

根据阅读推广服务工作目标和活动方案，编制好阅读推广服务工作的预算，组织好必备的资金，成为公共图书馆阅读推广服务工作中的重要任务，也是公共图书馆管理者的重要工作。

1. 编制预算

公共图书馆阅读推广服务工作的预算编制，是按照一定的方法（新项目一般采用零基预算法、老项目可采用基础法），根据需要完成的年度阅读推广服务工作任务和方案，综合各种因素，评估需要耗费的资源，并通过询价、分析、费用归集等手段，计算出各项阅读推广活动所需要耗费的资金数额，并将其纳入公共图书馆部门预算上报，或作为内部经费使用控制的活动。因此，编制阅读推广服务工作预算不能是"毛估"，而要尽可能做到精确，只有这样，才有利于争取财政拨款、争取企业资助、用好合作伙伴、开展过程控制。所以，有几个需要特别注意的地方。

一是评估阅读推广服务工作的质量和参与读者的数量。如果公共图书馆在某一项阅读推广活动上的效率不变，那么活动质量的高低和参与的读者数量多少，与所要耗费的资金数额呈正相关。

二是评估阅读推广服务工作所需要的硬件和设备情况。阅读推广活动方案中可能只有原则性的意见，但预算编制则需要比较精确的数据，如一项活动需要做一个背景，方案一般只是"有"背景，但预算需要有多少平方米、用什么材料、背景内容、制作方式等精确、具体地预测，才有可能计算出所需要的资金数额。

三是了解阅读推广服务新技术运用的发展趋势。在数字时代，许多阅读推广活动会利用数字技术，而且阅读推广服务中也应该介绍新的阅读载体、阅读方式，让读者体验新技术下的阅读，把阅读的选择权交给读者。可能大多数人都会认为新技术的运用会降低成本，但事实恰恰相反，新技术的运用主要是提高效率，但总成本会增加。所以在编制预算时，既要反映运用新技术后效率的提高，也要注意预算的总额会增加。

2. 预算的执行

阅读推广服务工作预算是对公共图书馆一个预算年度内在阅读推广服务工作上经费收支安排的预测和计划。阅读推广服务工作预算是由一个个阅读推广活动预算汇总而成，对于每个分项预算来说，都与一个个阅读推广服务工作方案相对应，如果预算准确，预算支出的多少就会反映事业任务完成的多少，预算执行的进度会反映工作计划完成的进度。因此，预算管理既是通过预算编制和预算执行来节省经费支出，又是通过资金管理来控制阅读推广服务工作计划的进度。

一般而言，预算资金使用程度反映了阅读推广服务工作完成的程度。因此，阅读推广服务工作计划的完成情况，就可以通过两个方面来控制和对照：工作计划的完成程度和预算经费的支付进度。这样，一旦两者之间发生脱节，可以及时发现问题，进行分析，立即应对。如果是工作进度脱节，则要么是预算不足，要么是预算超支，这必须及时设法纠正，或者寻找资金弥补缺口；如果是工作进度快于预算支付进度，则要么预算虚增，要么工作漏项，这必须调整资金投向，或者弥补漏项。

3. 寻找资金

在阅读推广服务工作中，公共图书馆馆长的重要任务是寻找资金以保障阅读推广服务工作计划的完成。

阅读推广工作的资金无非有这样几个来源。

（1）正常预算

将阅读推广服务工作的经费纳入公共图书馆正常预算，由财政拨款。财政预算资金不可能保障公共图书馆阅读推广服务的全部工作所需。

（2）上级拨款

上级拨款从本质上说也是财政拨款，仅仅是没有进入公共图书馆正常的预算，而是由其他上级机构委托（或者下达）公共图书馆开展阅读推广活动的专项经费。

（3）项目收入

项目收入是指阅读推广工作产生的收益再用于阅读推广服务工作中去，如共享工程的上传资源收益。项目收入还有一部分就是非基本服务收入。对公共图书馆而言，如何界定基本服务和非基本服务是一个重大的问题，如阅读推广服务中的读者培训，什么培训属于基本服务需要免费，什么培训属于非基本服务可以收费，需要准确把握。

（4）企业赞助

这是企业为履行企业社会责任、支持公益事业的发展而提供的资金。企业赞助一般需要公共图书馆提供一定的回报，如活动冠名，在活动宣传品上印制企业名称或商标。因此，公共图书馆有时需要对阅读推广活动进行细分，多制造出一些冠名权。

（5）合作收入

合作收入的形式比较多样，可以是收到合作单位的资金，也可以是合作单位承担一部分阅读推广活动的成本，还可以是免除一些原来需要公共图书馆支付的款项。公共图书馆有时为了开展一项符合使命、弥补目前缺失的服务或活动，但这项服务或活动又一时难以进入正常经费预算，需要做出成绩进行示范时，寻找资金就成为关键。

第三节　阅读推广服务工作的流程和安全管理

一、阅读推广服务的工作流程

（一）阅读推广服务活动的部门

阅读推广服务工作是公共图书馆服务的内容之一，是一项经常性的工作，涉及图书馆的馆舍、资源、服务等。如果设立专门的阅读推广服务工作部门，有专人策划、组织、宣传、总结最好，但这需要公共图书馆有相对比较充裕的人员编制，而原来在定编时，还没有阅读推广服务这一说，所以大多数图书馆做不到。另外，现在的阅读推广服务已经渗透到公共图书馆工作的各个方面，因而，在公共图书馆管理中，让各个部门承担对应的阅读推广服务工作是常见的做法。

其实，还有一种方法，就是在公共图书馆内部建立阅读推广服务工作的学习型团队，让大家在学习中工作，在工作中学习。

（二）专业人力资源管理

人力资源管理是一门专门的学科，人力资源管理中的原理和方法，在这里大都适用。这里针对阅读推广专业人才管理的特点进行讲述。与其他工作一样，阅读推广服务工作的成败关键在人，即要有合格的阅读推广专业人才。阅读推广服务工作涉及面广，活动的形式和内容多，既有讲座、展览，又有推荐书目、阅读品鉴，还有读者培训。不管是从年龄区分，还是从职业划分，受众层面都很多，特别是针对特殊人群的阅读推广服务工作，专业性更强，需要特殊的专业人才。另外，前面说过，阅读推广服务工作涉及公共图书馆的理念，在活动的专业中还要融合公共图书馆专业，所以阅读推广服务工作的规划、策划、组织既要体现公共图书馆的专业性，又要体现活动的专业性。

由于复合型人才的稀缺，要做好阅读推广服务工作，公共图书馆一般需要对多方面的专业人才进行有机组合，从而形成专业化的团队。所以，公共图书馆一方面需要培养自己的专业人才，另一方面需要在馆员招聘时留意阅读推广工作人才，同时，还要注意与社会合作，充分利用社会上的专业人才为我所用。

（三）阅读推广服务工作的成本管理

按照预算会计制度，公共图书馆不进行成本核算，因而一部分公共图书馆较为缺乏成本管理的概念。一般认为公共图书馆是公益性事业，所做的一切都是为了提高民众素质、促进社会进步、实现信息公平，其支出理所当然地应该由公共财政无条件地承担，而较少地思考过这些目标的实现需要多少资金，当地政府是否有相应的财力。其实，成本管理是决策、项目管理、绩效管理中的重要工具，不开展成本管理，其结果往往忽视资源的有效配置、使用效益，甚至造成公共图书馆无法讲清楚效益的高低，以及自己为社会提供了多少价值。

阅读推广服务工作的成本管理，至少有这样几点意义。

一是有利于完成工作目标。成本核算会将图书馆阅读推广服务工作目标细化，及时发现目标完成过程中的问题，并针对这些问题在管理上寻找解决方案，从而有利于工作目标的完成。

二是有利于控制预算支出。成本核算可以严格控制预算支出，防止发生寅吃卯粮、完不成年度工作目标的情况，以及因其他突发原因（如任务增加、物价上涨等）造成预算超额和失控。

三是有利于争取经费追加。成本核算及核算结果，可以从一个角度说明图书馆年度预算的科学性和合理性，为可能发生的经费追加提供依据。

四是有利于确定收费标准。成本核算可以计算出公共图书馆非基本服务收入的盈亏平衡点，便于申报收费许可，且不出现项目亏损。

五是有利于彰显服务效益。成本核算可以计算出阅读推广工作的效益，便于宣传工作的开展。

六是有利于进行项目决策。在资源有限、需要对图书馆阅读推广活动项目进行取舍时，在开展非基本服务项目决策时，通过成本核算可以帮助项目决策。

成本核算有专门的方法，主要有完全成本法、变动成本法、本量利分析法等。在开展阅读推广服务工作的成本管理时，可能几种方法都需要用到。

（四）阅读推广服务工作的宣传管理

1.阅读推广服务活动的延伸产品

阅读推广服务工作往往以活动形式出现。由于活动都有时效，现场能够容纳的人数也有限，有时成本很高。例如，邀请一位名家讲座，成本往往几千元，现场听众数百人，人均成本超过10元。一方面平均成本很大，另一方面可能还有听众因报告厅座位有限进不了场。因此，可以将讲座录制成视频让更多读者享用；如果能够符合共享工程国家中心的要求，还可以取得经费补助；或者把讲座整理成书，让更多人阅读。这些都是提高阅读推广服务工作效益的好方法，也是活动的延伸产品。

除了视频和讲座汇编，还有一些有意义的阅读推广服务活动的延伸产品，如将征文比赛的优秀作品汇编成册，可以增加读者的成就感，提高他们参加阅读活动的兴趣，特别是针对少儿开展的征文比赛，这样的做法有时可能会改变少儿的人生轨迹，使他们爱上阅读。

2.宣传与活动相结合

公共图书馆的阅读推广服务工作，既要彰显阅读推广服务的共性——推动全民阅读，又要保持公共图书馆的个性——培养更多的读者，夯实图书馆的基础。因而，对公共图书馆来说，阅读推广活动本身就是图书馆宣传。但同时，做好阅读推广服务工作，扩大阅读推广服务工作的影响，又需要宣传，既要借助社会媒体，也要通过自身宣传，借助网站、微博、微信、海报等多种宣传方式。这种宣传，既是活动预告、报道、活动宣传，又是公共图书馆本身的形象宣传，有时活动和宣传本身是一体，如读者手册、新书通报、阅读品鉴资料、阅读内刊等。

需要注意的是，在阅读推广服务工作中，要注重活动与宣传的统一，把宣传融入活动中，把活动当成宣传。

二、阅读推广服务工作的安全管理

举办阅读推广活动，在希望参与者多多益善的同时，又担心安全事故的发生，确实，安全是一切工作的前提。阅读推广活动策划、组织、实施的全过程，都不能忽视安全管理，要有专门的安全管理机构、安全管理制度、事故防范措施，以及应对突发事件的应急预案。

与公共图书馆正常的安全管理不同，举办阅读推广活动时，参与读者多、都在活动过程中，不可控因素较多，特别是大型阅读推广活动，参与人员都是临时到来、对活动地点的环境、安全措施、逃生路线等不熟，一有风吹草动，可能都会惊慌失措。

随着图书馆阅读推广活动呈现分众化、个性化的发展趋势，小型阅读活动越来越多。尽管对于某一个活动来说，参与人数少了，但事实上活动场次多了，特别是少儿阅读推广活动，参与者年龄小、需要监护人陪同，在频繁进出中，容易产生混乱，小读者离开监护人的视野而走丢等事故时有发生。

在阅读推广活动现场禁烟，既是文明的需求，也是安全的需求。乱丢的烟头极其危险，即使不发生火灾，只要出现活动现场有不明浓烟，甚至只有烟味，就可能引发混乱，继而发生挤伤、踩踏等事件。

安全管理，既不能因噎废食，为了安全不办或减少阅读推广活动，也不能盲目乐观，存在侥幸心理，忽视安全管理。因此，公共图书馆应在大型阅读活动举办前，制订一个安全管理预案，通过这个预案，落实活动的安全管理责任，明确安全管理的内容，堵塞安全漏洞，防止出现安全死角，如果再制订一个应急预案，则更能防止或及时控制突发事件造成的安全事故。

（一）建立高效的应急机制

1.应急机制的构建

图书馆必须对可能出现的安全问题，以及自然因素，如地震、暴雪等对图书馆可能造成的影响进行调查与分析，同时对本馆可用于应急的资源（包括人力与物力）进行普查，并在此基础上建立一整套的人力、财力、物资等设施的调用方案。此外，必须成立应急救灾领导小组，由馆级领导、负有相关责任的部门负责人，以及普通工作人员兼任，这个机构应从本身的实际情况出发，制订出各项应急预案，如"火灾应急预案""大面积停电应急预案""洪涝灾害应急预案"，等等。

所有的应急预案应下发到相关责任人的手中并督促其熟练地掌握，以确保灾害发生时每一个人不仅能够熟练运用手中的设备，而且能明确地知道自己该做些什么以及怎样去做。

2.应急机制的实施

除了制订各种应急预案，应急领导小组平时还应负责对全馆职工进行防灾救灾教育，定期对员工进行培训，以加强员工对突发性事件的快速反应，增强其在可能发生的灾难性事件（如火灾、地震、中毒、突发性的大面积停电等）中的应急技能。同时，还应当不定期地举行灾害应对的预演，如消防演习、地震灾害演习等。灾害一旦发生，有关人员必须在第一时间赶赴现场，承担起专门的救灾任务。为了保证救灾工作有条不紊地展开，应急救灾领导小组有权运用所有的救灾物资，而馆内所有员工，包括各部门负责人都必须服从应急领导小组的指挥，全力以赴地参与救灾工作。

（二）防范重于救治

预防是减少突发事件的有效手段，在安全生产领域，有这样一个定律：每一起事故的背后，都有9次轻微事故和300起未遂先兆以及1000起事故隐患。这说明，事故的发生，事故隐患是必然条件；但从事故隐患演变成事故，却是偶然的。不出问题便没有问题，少数单位正是抱着这样的侥幸心态，疏于责任，任凭事故隐患长期存在，甚至由小变大、积少成多。因此，安全管理工作中最为核心的内容不是"救灾"，而是"防灾"，防微杜渐才是消除安全隐患的最有效手段。

1.前移问责关口，变"事故问责"为"隐患问责"

相较于"事故问责"，"隐患问责"显示出更高的实际效用和管理水平。实施"事故问责"，无论"责"得多重，事故毕竟发生了，财产、人身损失已无法挽回。面对"安全隐患"进行问责，警钟长鸣，就可以将事故消灭于萌芽状态，为人民的生命财产撑起"保护伞"。

毋庸讳言，和"事故问责"比起来，"隐患问责"的难度要大得多。因为"隐患"是隐藏着的，既没有造成实际后果，更难有多大社会影响。对于单位有关部门和相关责任人更难下决心，处理力度不够，容易造成隐患埋藏。以图书馆安全保卫工作中的消防安全管理为例，每一个管理环节都有可能存在致命的安全隐患。如消防控制中心设备基本功能是否正常；火灾自动报警系统是否处在工作状态；室内外消火栓给水管道、消防水箱稳压装置、消火栓水枪及水带、消火栓按钮、消防水泵、电源控制柜及各类管网阀门等是否正常；气体灭火系统中控制气体喷洒的电磁阀、电爆管的运作、电压是否正常；消防电梯在切断非消防电源后是否能正常使用；消防通道是否畅通等诸如此类问题的存在都会给消防安全带来严重后果。

"隐患问责"对于杜绝和减少突发事件发生，及时查找工作中的不足和漏洞，提高群防群控能力，效果更加明显。

2.建立奖惩机制，杜绝安全隐患

建规立制，责任分解，加强督查，奖罚分明是图书馆安全管理工作的主要内容，也是"隐患问责"的具体要求。由于各种客观因素的存在，少部分人往往对安全管理的重要性认识不足，存在着对安全工作不重视的现象，造成一些安全隐患得不到发现，或发现后不能及时整改。这种现象之所以存在，就是因为没有一个对应的奖惩机制，或者是有了奖惩机制却未能贯彻与执行。

对于图书馆阅读推广服务来说，安全隐患并不仅限于火灾，还有更多种类的隐患存在，所以必须建立起一套完整的奖惩制度，才能确保"隐患问责"的贯彻与实施。

如何把握"隐患问责"的尺度实行"隐患问责"，主要有两方面的问题需要重点把握：一是何为隐患，二是如何问责。

隐患有大有小，有显性的，有隐性的，有常见的，也有非常少见的。"祸患常积于忽微"，"小"隐患若不及时整改极易升级成"大"隐患、酿成大事故。一切事故事件都会有个起因、发生、发展，到最终爆发的过程。这一过程是一个量变到质变的累积过程，是可发现、可控制、可预测的过程。因此在实际工作中要通过风险辨识，不安全事件调查、安全审计、安全检查等制度性安排，针对不同情况查找隐患，作出判断，对症下药，彻底解决问题。一时不能解决需要若干阶段或处理起来比较麻烦的，一定要跟踪到底，确保全过程得到有效的控制。

综上所述，安全管理工作最为核心的部分就是"预防"，实际上所谓的"突发事件应急预案"从某种程度上来说，也是灾害预防的一个组成部分，而"隐患问责"则是抓好安全管理工作的根本保障。

3.安全卫生管理

（1）环境卫生

图书馆环境的卫生首先是书刊资料的整洁。上架的书刊资料必须规整有序，无错架乱架，方便读者取放。整洁的中心要求是书刊的洁净，不但要求书刊的表面干净无灰尘，而且要求保持书架全面的洁净卫生。除此之外，环境的洁净还应该包括地面、桌面、墙面和门窗的三维空间无灰尘、痰迹、蛛网。使读者置身于幽雅洁净的环境里感受吸取知识精华，净化心灵的乐趣。

（2）卫生消毒

除了保持环境的洁净，卫生消毒是图书馆环境净化中不可忽视的重要环节。书刊在流通的过程中，难免会污染上细菌和病毒。这就需要对读者借还的书刊资料定期消毒，以切断像病毒性肝炎、肠道疾病、流行性感冒等传染病的传播渠道，更要高度防范致病病毒在公共活动场所经书刊媒介进行传播。

图书馆环境的卫生消毒材料和方法有许多种可供选择。常用的有紫外线消毒、甲醛熏蒸消毒、环氧乙烷消毒等方法。从消毒效果上看，紫外线消毒法优于甲醛消毒法，而且成本低廉，使用方便。甲醛熏蒸消毒对图书除霉、防霉有较好效果，对纸质、字迹无不良影响，且具有杀虫作用。上述两种消毒方法都有局限性，一是它们的穿透力有限，对杀灭书页里面的细菌效果不够理想，二是对人体都有损害，操作使用时要注意防护。

环氧乙烷是化学性质非常活跃的无色透明的液体，温度超过其沸点时变为无色气体，对细菌、真菌和病毒都有杀灭作用，且气体穿透力较强。操作简便易行，消毒效果理想，且不损害物品。使用时，要注意它的毒性和易燃性。

过氧乙酸是一些办公场所、公共场所抢手的高效消毒剂。它具有强氧化作用，可以迅速杀灭各种微生物，包括病毒细菌、真菌及芽胞。过氧乙酸消毒可用于阅览室、通道等读者集中场所，也可以用于书刊消毒。用过氧乙酸气体喷雾消毒后，通风半小时，空气中的过氧乙酸就几乎全部分解、消散了，进入消毒的房间不会受到伤害。需要注意的是，用过氧乙酸喷雾消毒时，操作人员要佩戴防护面罩或口罩，以防止它给人体造成的刺激性损害。

除上述消毒方法外，图书馆环境的卫生消毒还有含氯消毒剂、84消毒液、中药熏蒸等。

（3）劳动保健

劳动保健是保护馆员和读者身心健康的重要环节，也是安全管理中容易忽视的问题。图书馆书刊装订部门的工作环境中，由于大量粉尘的影响，容易导致呼吸系统的疾病。电子阅览室和计算机机房等部门，由于计算机粉尘、射线和强光的刺激，容易对工作人员的血液系统和视觉系统等方面造成损害。

因此，对这些部门工作人员的劳动保护和职业保健是体现人本管理和安全管理的重要问题。

（4）防盗安全管理

狭义的图书馆防盗主要指书刊资料和设备。广义的防盗还应包括文献信息的保密。就书刊资料的防盗来说，随着图书馆阅读推广实行文献流通和阅览开架服务，读者可便捷地享受开放式信息服务，但书刊资料的丢失一直成为图书馆管理的难题。图书馆实行体现以读者为中心的人本管理过程中，随着全开架服务范围的扩大，书刊文献和设备被偷盗的情况偶有发生。

针对上述偷盗书刊、设备的不法行为，图书馆安全管理的责任在于从加强馆员的岗位责任心入手，通过对读者的人性化管理，比如实行评选文明读者或奖励举报的激励措施，促使读者提高素质，配合防盗监测仪等设备，降低书刊资料丢失率。

文献信息的保密是广义上的图书馆安全管理内容，包括资料室的技术文件和资料。尤其在对外交往与合作中对涉及国家保密资料的，要按照保密法的规定程序，事先要经过批准，以维护国家安全利益，保障社会主义建设事业的健康发展。

（5）安全管理的组织领导

安全管理是图书馆提供文献信息服务的前提和保证，是图书馆事业发展的基础。各级主管部门对安全管理工作极为重视，要求各级行政部门和公共图书馆领导，高度重视图书馆等人群集中场所的火灾防治工作，要对检查出的问题采取措施，专项治理，将检查和治理工作制度化、经常化。

作为具体实施安全管理的业务部门，图书馆可以成立安全管理领导小组及各科室安全管理小组，由各科科长担任安全管理员，各部主任为管理小组成员。图书馆安全管理领导小组实施目标责任制，明确岗位职责。实行重点防范，逐级负责。依靠各业务部门的强有力领导和全体工作人员的积极努力，创建"平安图书馆"和"平安科室"，乃至"平安岗位"，为读者营造一个安全、优雅、和谐的阅读环境，为图书馆的阅读推广服务工作的稳定发展作出积极贡献。

①加强安全生产制度建设，健全图书馆安全管理

基于图书馆阅读推广服务工作在安全管理方面的特殊性和重要性，必须按照标准化、规范化的要求，建立并完善安全管理制度体系。一要坚持安全生产"一岗双责"责任制。图书馆领导班子成员既要抓好分管的业务工作，又要抓好分管领域的安全生产，各级领导要真正做到把安全工作作为全馆重要工作之一来抓，不躲不靠、不流于形式。二要坚持各级各类人员安全生产职责制度。明确从主要领导到具体工作人员的安全生产职责，层层组织签订责任书，一级抓一级，一级对一级负责。三要坚持安全生产工作例会制度。定期开会研究安全生产工作，每季度至少组织召开一次安全生产工作会议，遇到紧急情况随时召开。四要坚持安全生产值班制度。在重要时段、重大节假日实行 24 小时值班，领导带班、专人值班，主要领导、分管领导和负责安全生产的干部必须 24 小时保持电话畅通。

②加强安全生产台账建设，提高图书馆安全管理水平

安全生产台账是安全生产管理的基础性资料，是反映一个单位安全生产管理整体情况的资料和具体过程记录，是用于安全生产日常管理的各种文本、文件、资料的统称。要本着对安全生产高度负责、高度重视的态度和方便实用的原则，结合公共图书馆自身实际做好安全生产台账工作，落实专人负责安全生产文书资料与档案管理，按照标准化管理的要求做好相关文件资料的收发归档工作。将各项安全生产管理记录和资料按照内容和类别不同，分类成册、分类归档，进行科学规范管理。特别是在隐患排查方面一定要建立专门台账，对排查出的安全隐患要逐一登记建档，载明隐患所在地、隐患基本情况和隐患等级、隐患类别、整治措施和要求、整治目标和计划、整治进展和验收情况、整治责任单位和责任人员、整治资金来源和投入、安全防范和应急措施等。

③经常性开展检查，消除图书馆安全隐患

抓公共图书馆安全生产，只有经常性开展检查才能防微杜渐，防患于未然。一要落实检查责任。按照"谁主管谁负责""管生产必须管安全"和"属地监管"原则，明确图书馆主要领导为安全生产隐患排查治理第一责任人，分管领导为安全生产隐患排查治理直接责任人。二要突出重点。经常检查消

防器材设备、安全通道、供电线路、危化品存放、安全制度和人员培训等硬件、软件是否符合安全要求。三要加强相关方管理。将承包方、租赁方、临时工、外来施工等相关方纳入自身管理制度。

④加强安全文化建设，提高干部职工和读者的安全意识

安全生产是事关人民群众生命财产安全的大事，也是维护社会稳定的一件大事。图书馆能否持续稳定、安全高效地开展服务，关键在于人们是否具备一定的安全文化素质和安全意识。要狠抓干部职工安全生产知识学习教育，举办消防和安全管理知识专项培训班，提高消防安全职业技能和管理水平，加强安全文化建设。深入组织开展"安全生产年""安全生产月"活动，利用网络、信息简报、宣传栏等进行安全管理宣传教育，提高读者的安全意识。努力营造人人懂安全、人人讲安全的良好氛围。

第七章　图书馆的读者服务基础

第一节　读者服务的内容与方法

一、文献借阅服务

借阅服务是图书馆的主要服务内容，是图书馆工作的前哨，借阅服务质量的高低直接反映了图书馆的工作水平。

（一）外借服务

外借服务是指图书馆将部分文献让读者借出馆外，满足他们馆外阅读的一种服务方式。读者根据自己的需要挑选书刊，借到的文献妥善保管并充分利用，在规定的期限内归还，之后还可以借阅另外一些书刊。外借服务是图书馆的一项基本服务内容，也是图书馆最常规、最大量的服务工作，它是读者利用图书馆中各种文献的主要渠道，也是文献传播的主要窗口。

（二）文献阅览服务

阅览服务是图书馆一项重要的服务内容，是图书馆开展各种服务的基础，是读者利用书刊资料进行学习和科学研究的重要形式。大力开展阅览服务，可以提高馆藏文献利用率；同时在阅览室中，读者还可以得到工作人员的辅导或其他形式的帮助。

同其他服务相比，阅览室具有服务读者的如下特定功能。

1. 良好的环境

阅览室有适宜读者学习、研究的良好条件：宽敞的空间、舒适的桌椅、精良的设施、明亮的光线、整洁的环境、安静的氛围。因此，在众多供选择的学习场所中，阅览室最受读者欢迎。

2.丰富的文献

阅览室配备种类齐全、内容丰富新颖、使用价值较高的各种书刊资料，包括不外借的文献资料，如期刊、报纸、工具书、二次文献、特种文献等，这些文献都优先提供阅览室，供读者阅读参考。

3.使用方便

读者可以直接利用阅览室内大量的书刊文献，按专业、课题需要，自由选择特定知识信息阅读参考。读者除利用书刊外，还可利用馆内特殊设备，如计算机设备、显微设备、视听设备、复制设备等，阅读电子期刊、缩微文献，及复制所需的知识信息。因此，对自学读者、研究读者、咨询读者，都可提供极为方便的阅读参考条件。

4.精心的辅导

读者在阅览室阅读学习的时间多、周期长，有的读者甚至长期连续利用阅览室学习研究，馆员接触读者的机会多，便于系统观察了解读者的阅读需要、阅读倾向、阅读效果，便于有针对性地进行推荐文献、指导阅读、参考咨询等服务。

二、参考咨询服务

参考咨询是图书馆帮助读者检索文献和搜求信息的服务方式。图书馆参考咨询人员针对读者提出的疑难问题，利用参考工具、检索文献及有关书刊，帮助查询或直接提供有关文献及文献知识、文献线索，通过个别解答的方式为读者服务。咨询服务的类型按读者所提问题的性质可分为事实性咨询、方法性咨询与专题性咨询三种类型。咨询服务的实质是直接或间接地帮助读者解决对所需文献或某一方面知识了解不足、掌握不够的困难。读者在科研、教学、学习、生产或工作中，往往会遇到一些与利用文献有关的疑难问题：一是从浩如烟海的文献中，迅速准确地查到某种符合特定需要的事实或资料是很不容易的；二是很多问题往往要通过工具书去解决，而工具书的使用并不是每个读者都十分熟悉的。所以，借助图书馆把自己的需要与某种情报源联系起来得到文献的提供或参考答案，对于读者来说是非常必要的。所以，参考咨询服务是图书馆一项不可缺少的服务形式。

第二节　读者服务在图书馆中的地位和作用

一、服务是图书馆存在的社会价值

就目前而言，图书馆正处于从传统图书馆向数字图书馆、虚拟图书馆过渡的阶段，与其他所有过渡阶段的事物一样，此时的图书馆处在传统图书馆和未来图书馆的中间，兼具两者的特点，造就了此时图书馆的矛盾地位。何去何从，图书馆学界和业界也就此话题言论颇多。但目前的不争事实是，无论过重倚向哪一方，都会有不可忽视的"服务危机"存在。所谓"服务危机"，是指在图书馆活动过程中出现的读者信任危机极大地影响着图书馆的社会形象和图书馆事业的发展。

（一）传统服务方式带来的危机

众所周知，改革开放以后，我国国民经济发展迅速，各行各业呈现出勃勃生机，图书馆事业也得到了空前发展。但图书馆事业在全面发展的同时，图书馆服务，尤其是公共图书馆服务在制度、体系、方法、态度等众多方面仍然存在着问题。而这些问题对图书馆的发展和未来生存的影响，从一定程度上讲都是至关重要的，甚至是生死存亡的问题。学界和业界对此已进行了很多的理论研究和实践。

第一，从宏观方面看，图书馆事业确实得到了迅猛发展，无论在馆舍建筑、馆舍面积、馆藏数量等方面都较之以前有质的提高。但就单个图书馆而言，在经过 20 世纪 80 年代初期稳步发展以后，开始出现了生存危机。由于明显的营养不良，供血不足，许多图书馆呈现出虚脱状态。因此，图书馆界出现了"低谷论"。事实上，当一个图书馆每天仅有极少量的读者造访，它所提供的服务已不能满足绝大多数读者的需求时，或者当图书馆已丧失了与时俱进的能力时，尽管这个图书馆是免费的，事实上它已危机四伏，如同消失一般。如果此时还有其他行业服务者能提供类似的服务，对图书馆来说是雪上加霜，其危机将更为严重。

第二，长期以来，图书馆于外缺乏竞争奋进的机制，于内滋生出一种"黑洞现象"。即出现投入大、产出小，以至投入大而无产出的一种低效益或无效益的现象。产生"黑洞现象"的主要原因就是图书馆长期脱离市场，缺乏用服务去满足市场需求的观念和服务精神。另外，来自图书馆外部的社会压力也在一定程度上引起图书馆的存在危机。

"图书馆存在价值"的疑虑十分严峻地摆在我们面前：图书馆能否向人们提供比互联网的导引系统和搜索引擎更有效的服务手段？能否继续成为人们获取信息的第一选择？

古老不能成为一种资本和包袱，在传统图书馆服务环节上滋生的种种疏漏，有的已成为历史，有的转化正悄然进行。虽然这些问题在不同程度上曾使图书馆的职能发挥受到某种掣肘，但总的来说，图书馆服务在不断解决问题的基础上在长足发展。

（二）技术进步带来的服务危机

20世纪末，以计算机技术和网络通信技术为主导的现代信息技术得到了迅速的发展。它改变世界面貌的同时，也给图书馆带来了一场深刻的变革，在技术生产力的推动下，传统图书馆发生了天翻地覆的变化。计算机管理下规范化的"采、分、编、流"，简便迅捷的全文数据库检索，网络化的文献信息资源共享，网络资源利用是几代图书馆人的梦想，今天都已成为现实。这一切当然要归功于现代技术的应用。正是现代信息技术在图书馆如此广泛而成功的应用，给图书馆的发展注入了新的活力，使得技术生产力无可争议地成为这一时期图书馆发展的第一推动力。

高新技术为图书馆的发展提供了日益先进的技术支撑，社会的网络化逐渐使图书馆成为一个资源的共同体。在一个以信息、文化和公共资源为主要生存轴心的社会平台上，只要拥有一台主机，通过网络，任何一个图书馆，都可以进行超馆藏、超时空、超地域的服务；任何一个读者也可以把图书馆带回家，或带到他需要的场所，远离图书馆，在因特网上很便利地寻找到自己所需的文献信息。随着数字图书馆概念的出现及其优越的便利性的展示，读者对图书馆的依赖也将削弱。

在我国，大中型图书馆消失的消息尚未震荡我们的耳膜，相反，大型的图书馆还在出现，人们对此还是有所需求。一个公共的大型文化、科技信息交流的场所，一个可供人们面对面交流的公共场所依然有着较大的"市场"。但这并不意味着图书馆危机的消失，恰恰相反，应让危机的感觉常常震撼我们的心灵。

二、在传统与技术之间正确定位服务工作

传统图书馆向数字图书馆、复合图书馆过渡的时期，暂且被称为转型期图书馆。在转型期图书馆，图书馆馆员应该思考图书馆目前与将来的发展方向，关注图书馆所提供服务的水平质量，关注用户信息需求的满足程度及相关问题来促进自身进步。图书馆馆员应采取灵活多样的服务方式，变被动服务为主动服务，变一般化借阅为多样化、特色化服务，变粗浅的单层次服务为多层次全方位服务。但在网络化进程中，图书馆的许多传统工作内容及其工作方式还会继续发挥作用。即使到了网络发展的高级阶段，优良的服务思想和服务传统仍将是图书馆工作的保障。在此，不能因为网络化时代的美好蓝图和数字化图书馆的美好前景而盲目乐观，更不能忽视和放弃眼前图书馆的基础工作。因为网络化发展毕竟有一个过程，不是一蹴而就；而数字化也不是一项简单的工作，说实现就立刻实现，它需要实实在在的努力和大量细致的基础工作。那种过分相信和依赖网络技术，以为有了网络就有了一切的看法，是对网络的一种错误解读。

（一）认识传统图书馆的服务优势

虽然有无纸社会的出现必将导致图书馆灭亡的预言，但是应该说在相当长的历史时期内，实体图书馆仍将存在，并继续发挥重要作用。转型期的图书馆作为公众服务机构，仍将承担着为社会服务的重任；传统服务作为信息传递手段仍然担任重要角色；传统印刷型文献载体，仍然保持优势地位。

传统图书馆提供的服务主要是印刷型文献，从现阶段看，用户仍然习惯于阅读印刷型图书和杂志，无论是研究，还是消遣，人们数年来养成的阅读习惯使印刷型文献已经成为不可缺少的东西。图书与期刊的发行量，仍在不断地增长。因此，图书馆仍然是收藏文献最集中的地方，用户的信息需求，仍然需要图书馆的帮助。图书馆除提供原始文献外，二次文献、三次文献仍然是非常受读者欢迎的信息。我国公共图书馆近些年迅速发展，到馆查阅书刊的读者呈上升趋势。因此，图书馆要根据用户需求，收藏有特色的文献，并尽可能地利用现代化手段提供相应的服务。

（二）传统服务方式的提供

图书馆传统服务方式有馆内借阅、文献外借、参考咨询、文献复制、

书刊展览、专题讲座等。这些服务既满足了众多用户对文献的需求，又方便图书馆保存和管理文献，以便更好地为用户服务。传统服务方式在图书馆的经费支出较低，因此一般的服务不收费或收取少量的成本费。目前我国公共图书馆的服务工作是面向大众的，传统服务方式仍然是主流，被公众认可。由于我国网络化发展比较快，有些费用比较高，一般公众难以接受，这也是传统服务方式受欢迎的原因。因此，在转型期图书馆仍然要做好传统服务工作，不能一味地追求新的服务方式和盲目地改善设施条件。

（三）图书馆设施和环境的提供

在传统图书馆，宽敞明亮的大开间阅览室、卡片式目录、手工式外借手续与证件等，仍为公众所喜爱。传统图书馆是一个特定的场所，它以其特定的环境吸引着广大用户，它的馆舍包括书库、阅览室、外借处、复制台、读者休息室、餐厅等服务设施，许多读者来图书馆阅读图书，查阅文献和信息，是为了享受图书馆的服务和氛围，因此，图书馆的环境和服务仍然是用户选择的主要场所。

在认识传统图书馆服务的优势同时，也不能"倚老卖老"，还应清楚地看到传统图书馆在服务方式上存在的复杂性。归纳为一点，就是优化服务流程，简便是服务的核心。

（四）理性对待现代技术

图书馆是社会文化机构，而不是技术机构，也不是为技术而存在的。就图书馆自身而言，既不是图书馆最新技术的创造者，也不是 IT 行业的先驱精英。图书馆存在的价值在于为社会所提供的信息服务，在于以最短的时间、最快的速度，为最多的读者找到最多的书（信息）。从表面上看，图书馆的现代化进程表现出的是一个图书馆不断技术化的过程。因为在这一过程中，能够明显地看到，技术正以点滴的方式向图书馆渗透，逐渐改变和替代了图书馆传统的工作方法，使图书馆的技术含量和现代化程度越来越高。但在实质上，图书馆的现代化进程是图书馆不断利用先进技术手段改进传统服务，提高自身服务能力和服务水平的过程；是为了满足社会对信息服务日益增长的需求，使图书馆的价值在社会进步的过程中不断得以再现的过程。

信息技术的变化改变了读者利用文献与图书馆的方式，但图书馆服务的宗旨不能变。无论何种信息环境下，读者都希望图书馆工作人员能迅速准确地提供最有价值、最有针对性的文献信息。因此,对文献信息进行认真分析、鉴别,对有价值的信息进行指导性的、科学的评价,对有传递价值的信息进行综合处理和再加工,是服务的基础工作,也是图书馆情报职能的最基本体现。

毫不讳言,现代信息网络的普及、信息资源的数字化和信息系统的虚拟化使得包括图书馆在内的信息提供机构的"中介性"的作用大大降低,网络化信息库体系逐步成为主流性的服务形式,同样信息用户的行为模式也发生了很大变化,但不能以服务方式和服务内涵的变化来否定图书馆在现代信息服务体系中的地位和作用。图书馆服务面临的问题和挑战是巨大而艰难的,因此改革和变化更为必要和急迫。在改造和变革传统服务体系的过程中不仅要面向新的理论、技术和服务方式以及创新服务体系,同时也应挖掘其原有系统的内在价值和外在价值,使图书馆服务在信息社会中能够发挥真正的作用。

图书馆的服务水平虽然在不断提高,读者却并未为此感到满意,其原因是读者对服务的期望也在提高。尤其是看到相对于其他服务行业服务水平的提高,而图书馆的服务相形见绌的情况。举个简单的例子,目前国内各大超市存包已不收费,导致读者对图书馆存包收费就十分有意见。走进宾馆或餐厅时如沐春风的问候,更是对照出图书馆服务的不足,服务中缺乏微笑,没有说"您好""对不起"的习惯,没有无微不至的导读服务,即使有印刷精美的服务指南,初来乍到的读者也会感到茫然。所以提高服务质量和服务效果,是图书馆学和图书馆工作的永恒主题。

第三节 读者服务工作的发展趋势

一、读者服务工作的发展历史

纵观图书馆发展的历史,服务始终是原动力。服务的内涵随着时代的需求不断变更和升华,在不同的发展阶段有着不同的核心和重点。由于图书馆社会职能的演进,图书馆服务经历了从封闭到开放,从借阅服务到参考服务,从信息服务到知识服务,从无偿服务到有偿服务,从按时服务到及时服务,从在馆服务到多馆服务、馆外服务,从在线服务到全球化服务的发展过程。其服务内容从"提供给读者馆藏文献"变为"帮助读者获取馆内外信息"，服务方式由面对面变为远程（通过电话和网络），并呈现出多种服务并存、手段与方式不断更新和拓展的前景。

二、读者服务工作的变化

探讨图书馆读者服务工作的发展趋势之前，我们有必要先了解一下在现阶段图书馆读者服务工作的变化。因为根据其变化，我们能得出其发展趋势。

图书馆变革的根本原因和动力即在于阮冈纳赞（Ranganathan，Shiyali Ramamrita）所说的"图书馆是发展的有机体"，也在于图书馆是开放的社会机构。因为是发展的有机体、开放的社会机构，就必然要从周围环境中输入新元素，并在图书馆"肌体"内消化代谢，生成新的可以向社会输出的产品和服务，并将社会对它的反应再反馈回"肌体"内部。因此随着社会的发展、技术的进步，图书馆的基本功能保持下来，它与社会的关系集中体现在服务。

当今社会是网络信息社会，网络在人们的学习、生活中占有愈来愈重要的位置。置身于此的图书馆服务，尽管还存在许多传统方式，但服务途径和手段与过去已有巨大变化。

（一）图书馆服务环境的变化

21世纪是知识经济时代，知识与信息已成为经济活动中的生产要素。知识经济的不断发展，加快了知识创新的速度，促进了信息的交流与利用，人们信息需求的不断增加，对图书馆信息服务也提出了新的要求。由于受到社会环境变化的影响，图书馆服务环境也发生了重大变化。

在网络信息时代，用户可以不受时空的限制，通过因特网轻而易举地检索到所需的各种信息，甚至可以方便快捷地下载和浏览全文文献和多媒体信息。随着宽带网进入家庭，用户坐在家里就可以获得信息、接受远程教育、欣赏文艺节目等。网络环境为图书馆工作提供了一种新型的、快捷的、跨时空的信息服务方式。传统图书馆"坐等上门"的服务局面，以及"借借还还"的服务方式，已经不能适应网络时代的读者需求。为此，各种类型的图书馆都在寻找自己的立足点和生存空间，千方百计地改变服务工作，拓展服务领域和内容，适应环境的变化。最显著的变化是几乎所有的图书馆都安装了计算机设备，建立供用户使用的公共计算机查询系统，开展了网上预约外借、网上咨询服务等项目。

（二）图书馆服务需求的变化

传统图书馆是以文献为服务单元，注重读者群体概念，以向用户提供印刷型文献信息为主，读者需要文献只能到图书馆查阅的服务方式，图书馆服务工作和用户信息需求均受到一定程度的限制。在网络环境中，用户的信息需求发生了根本性变化，人们已经不再满足图书馆提供一部书、一篇文章，而是要求提供某一特定信息、某一事物、某一主题的知识信息。图书馆服务范围也随之发生较大的变化，从提供印刷型文献，发展到提供知识信息、多媒体信息、多载体信息。也就是说从传递文献信息，发展到传递知识信息。现代图书馆是以信息为服务单元，强调以人为本的个性化信息服务，即满足读者个性化和多样化的信息需求，提供差别信息服务。当然，传统的文献服务也并非不存在差别，但那种差别是建立在读者群体基础上的，而现代图书馆的信息服务差别是建立在不同的读者个体上，是建立在直接性、多样性和个性化基础上，即根据读者各种不同的个性化信息需求，实行个性化定制服务。

（三）图书馆服务技术手段的变化

传统图书馆长期采用手工操作，无论是采访、编目、典藏、阅览，还是咨询工作，都是以卡片为载体，一切工作都是手工操作，服务工作更是靠劳动密集型操作完成。随着技术的发展，图书馆工作从半机械、机械化过渡到自动化和网络化。现代图书馆服务已大量采用复印机、防盗仪、计算机、传真机、网络传输、卫星传输等设备为用户服务。图书馆利用新技术服务的手段不断增加，如网上参考咨询、网上信息检索、数据传输、网上文献传递服务等。现代技术的发展和现代设备的应用为图书馆服务工作提高了效率。

（四）图书馆服务模式的变化

在图书馆服务工作的变化中，变化最大的应是服务模式的变化。在突破了传统的服务模式的过程中，呈现出如下几个趋势。

1.由封闭型转为开放型

传统图书馆受到经济和技术的制约，图书馆的服务活动局限在特定的范围，服务工作可以说是以阵地为主，一般"等客上门"，所有的服务基本上是"以馆藏为中心""以馆员为中心"。图书馆在加工规模、藏书体系、服务范围、人员配备方面基本形成了"小而全""大而全""备而不用"的自我封闭型办馆范式。图书馆与外界的联系很少，满足于一般的借借还还，图书馆馆员的思想受到束缚，形成了僵化的管理定式。

在知识经济时代和网络环境下，面对社会信息需求的扩大和技术的发展，图书馆再也不能故步自封，把自己禁锢在图书馆的围墙之中。图书馆的服务工作开始走出图书馆，面向需求、面向用户，主动服务，建立辐射型的开放服务系统，形成"以用户为中心""以需求为向导"的主动型服务理念和信息服务模式。目前，图书馆非到馆用户成倍增加，网上信息需求范围逐步扩大就是最显著的变化。

2. 由单一化转为多元化

传统图书馆一般都有比较固定的读者群，图书馆服务也主要为到馆读者服务。图书馆的服务模式培养了自己特有的用户，用户习惯于把获取信息和知识的渠道、方式局限在图书馆，获得信息的方式比较单一。随着社会、经济、技术的发展，人们传播信息的渠道不断扩大，获得信息的方式也随之多元化，传统图书馆向读者提供的阅览、外借、检索、复制书刊资料的服务方式已经不能完全适应用户需求。现代图书馆要满足用户获得信息需求，必然要开展多元化的服务，在转型期已经出现了服务需求多元化、服务形式多元化、服务内容多元化的改变。目前许多图书馆开展代查、代检索、代复制、代翻译、联机检索、光盘检索、网上咨询、异地服务、远程教育等服务，就是为了满足用户多元化的需求。

3. 由劳动密集型转为智力密集型

在传统图书馆的服务中，图书馆馆员向读者提供服务以手工为主，工作人员从事文献的采集、编目、加工、书库管理、阅览服务、参考咨询，大部分是劳动密集型操作，重复性、烦琐性、体力性的工作比较多。服务第一线的工作人员是体力性工作，人员素质相对低一些，其主要工作任务是书刊上架、整理、打扫阅览室环境卫生、简单咨询等，从图书馆的整体运作模式来看，是以劳动密集型为主。

随着信息时代的到来，信息需求急剧增加，图书馆服务工作的范围、对象、内容、方式、手段不断扩展和增多。新技术的发展，改变了服务人员与用户之间的互动关系，用户不再局限于与服务人员面对面，图书馆服务工作逐步从劳动密集型向智力型转变，图书馆馆员的大量工作任务转向对知识信息进行整合，对网上信息进行检索与筛选后进行超级链接等方面。图书馆馆员已经成为"信息导航员""网上冲浪员"，是信息的中介，直接参与信息交流活动。图书馆提供的服务知识和技术含量不断增大，表现为信息增值服务。

4.由分割式管理转为整体协调式管理

传统图书馆的服务工作，因手工操作，一般是多部门分块管理。外借部负责图书外借，阅览部负责到馆读者阅览，咨询部只管咨询，报刊部负责报刊借阅，每个部门只管自己所管辖的服务范围，相互间的协调不顺畅。用户在图书馆内要跑几个地方，才能满足多种需要。有关专家曾经提出，图书馆应建立获取服务部，用户提出一个信息需求的申请，在图书馆内部经过的无数流程和复杂环节，对用户来说并不需要知道，用户仅获取最后的结果。图书馆服务通过技术手段，可以让读者在短时间内一站式获取所需信息。随着新技术的发展，图书馆的服务管理必须有整体的协调性，树立大服务的观念，做到内外结合，横向联合，资源共享，才可能满足用户的需求。

三、读者服务工作的应对

为适应图书馆种种工作的变化，图书馆应实现如下的转变。

（一）实现读者走进图书馆到图书馆走近读者的转变

该种转变包含如下三方面的含义。

1.网络上的走近

如许多高校图书馆在校园内开设了校园网，使图书馆进入各个大学生宿舍和教师住宅，使学生和教师在住所即能方便检索利用图书馆的各类文献且不受时间和数量的限制。这样的做法使学生和教师感到图书馆就在自己的身边。

2.服务上的走近

图书馆实现从闭架书库到开架书库，使读者身临其境，亲手挑选自己所需的文献资料。设立的各种新书专架、推荐书架、书目展示等，受到读者的普遍欢迎。

3.管理上的走近

图书馆面向读者的各项规定应与时俱进，从读者的角度出发进行修改，其中包括文字规范，使用国内外通用的表达方式；语言委婉，让读者易于接受等。还可以在读者中建立社会监督员队伍，由读者来明察暗访，对图书馆的各个方面进行评价，馆中定期召开监督员会议，由馆领导和有关部门负责人参加，对监督员所提各项建议均逐一落实。还可联系其他图书馆，各馆之间进行网络连接，实行馆际互借、借阅一卡通和异地借还。这些做法，都可以让图书馆更加贴近读者，也可以充分体现出图书馆的优良服务。

（二）实现从管理者到服务者的角色转变

在现在的图书馆各项工作中，图书馆工作者往往将自己的角色定位为管理者，而不是服务者，这样，服务的内容、服务的方式、服务的制度、服务的流程等，大多是从图书馆的内部出发，从图书馆的管理出发，从方便图书馆馆员的工作出发，从图书馆的既定业务流程出发，从图书馆长期形成的业务思维定式出发，而较少从读者的需求出发，从未来更方便读者出发，从图书馆不断创新给读者以知识导航出发。总之，在很大程度上，目前的图书馆更多的是管理，而非服务；更多的是让读者来适应图书馆，而不是让图书馆去适应读者。这样的例子在图书馆可以说是俯拾皆是。而分析其原因，正是因为人们的理念还停留在图书馆的"管理者"，其角色没有转变为读者的"服务者"。

如果从图书馆的内部管理和外部服务一起考虑的话，图书馆应该推行以读者为本的"繁简观"，即上繁下简，内繁外简，前繁后简。何以言之？所谓上繁下简，即在管理层应该充分讨论，反复酝酿，各方协调，细则该备；而到一线服务之处则应政令从简，布置清晰，易于操作，执行坚决。所谓内繁外简，即在图书馆内部，各项服务制度、服务流程、岗位职责应该制订得十分详细，规定得十分具体，各项服务活动的准备工作要做得十分充分完备，各项应急预案应考虑得十分周到细致；而对读者和公众，应该言简意赅，易于理解，便于遵守。所谓前繁后简，即在读者第一次到馆时，或为到馆读者提供首次咨询和服务时，应该主动询问，回答具体，介绍详细，服务耐心，以避免读者因不了解情况而为其带来各种麻烦；而对常来的读者，则要处处为读者节约时间，要言不烦，动作快捷，方便高效，服务专心。

（三）实现从数量增加型到质量提高型的转变

图书馆的服务在数量增加的同时，必须实现向提高质量的方向发展，这是不断满足读者需求的服务理念。读者的需求是在不断发展变化的，在扩大图书馆的面积、拓展阅览的空间、增加图书期刊的品种、策划图书馆的服务项目、壮大图书馆馆员的队伍、加大图书馆的投入，以及进行图书馆大规模扩建的同时，应当十分重视提高图书馆的服务质量。在当代信息和知识总量剧增的情况下，广大读者已不满足于以往图书馆的传统服务内容和方式。图书馆作为知识的门户，其馆员们能够成为知识的采集者、知识的加工者、知识的组织者、知识的管理者、知识的交流者、知识的提供者和知识的教育者，总而言之，要成为知识的导航者。由于多年来形成的图书馆馆员队伍素质总体水平不高，在加强现有图书馆馆员队伍的培训、不断引进优秀人才加入图书馆馆员队伍的同时，也可以实行"借资工程"和人才的柔性流动，即可以聘请社会上各行各业的专家到图书馆进行坐堂咨询，既可以是综合性咨询，也可以是专题性咨询；也可以借鉴大学和研究所里的开放型实验室的做法，邀请国内外的专家来从事一些研究项目，以便更好地为读者服务。

要实现图书馆从数量增加型到质量提高型的转变，就要对广大的读者进行个性化的服务和超常服务。图书馆的超常服务，也是图书馆服务质量提高的实质性的体现。同时，图书馆的超常服务也体现在图书馆馆员为读者所提供的延伸服务。延伸服务有时间上的延伸（图书馆正常服务时间之外），也有范围上的延伸（超出本岗位的服务范围），还有内容上的延伸（超出图书馆业务服务范围），以及空间上的延伸（为外地及境外读者服务，为读者离开图书馆后提供服务）。

要实现图书馆从数量增加型到质量提高型的转变，还应在图书馆中创造并培育出标志性的信息服务产品。

四、读者服务工作的发展趋势

从目前的图书馆发展状况来看，读者服务工作总趋势可概括为如下几点。

（一）参考咨询——对寻求信息读者的个别帮助

参考咨询工作无论在传统时期还是在现代网络环境下，都是图书馆沟通用户与信息源的一种有效形式。我国图书馆参考咨询工作自产生以来就处于不断的发展变化之中，从简单的问题解答、馆藏书目查询，到定题情报服务、研究课题查询及检索工具使用的教育辅导等；从纯手工检索文献、口头解答问题，到机械化检索文献和借助于电话、传真等进行咨询。参考咨询的有效开展，在很大程度上配合了图书情报职能和教育职能的发挥。但自进入

20 世纪 90 年代，传统的参考咨询手段已越来越难以满足社会快速而复杂的信息需要，加上互联网络的开放兼容性和信息资源共享性的特点，图书馆的传统服务受到来自互联网的强有力挑战。

虽然目前公共图书馆的数字参考服务尚不普及，网络实时服务还不能成为参考服务的主流业务，数字化参考服务对参考服务全局的影响还没有完全显现出来，并可能在未来的几年仍将处于配属状态，但与传统参考咨询相比，数字参考服务具有的优势是显而易见的。

第一，多样化的内容。数字参考服务的内容不仅包括传统参考服务中常规性的简单问题的解答，如馆藏文献书目查询、图书馆以及检索工具使用的教育辅导等，还包括网络信息资源的介绍、查找、评价、选择与提供，网上定题服务、简报服务，网络远程教育等。

第二，自动化的手段。数字参考服务的最重要特点就是服务手段的自动化、电子化、网络化。咨询馆员不需要与读者进行面对面接触，主要依赖计算机对信息进行自动化的查询、获取、分析、加工、存储等处理，利用互联网技术等电子化手段能更大程度地实现与读者之间的交流。

第三，智能化的结果。由于咨询馆员借助计算机进行信息处理，如互联网数据库检索、光盘数据库检索、网络信息传输等现代信息技术，因而可以向读者提供更高水平、更高层次的解答，提供针对性更强、更具附加值的智能化结果。

第四，服务范围与信息源的广泛化。网络环境最大的优势就是打破时空界限，读者无论身在何处，都可以全天候向咨询员发送问题，咨询员也可以利用丰富的、海量的网络信息资源解答读者的问题，这是传统参考服务时代所无法想象的。

在数字化信息环境中，图书馆与其他信息服务机构处在同一起跑线上。但是，图书馆的优势又是显而易见的：信息服务毕竟有其悠久的历史，具有丰富的经验，藏有巨量的印刷品和数据库资源，从业人员和技术力量也相当雄厚。合作与竞争同在，机遇与挑战并存。数字化图书馆时代需要参考咨询服务，就是要大力提高文献资源和信息资源的利用。正如培根所说："知识的力量不仅取决于其本身的价值大小，更取决于它是否被传播及传播的深度与广度。"只有大力开展新时期图书馆参考咨询服务，图书馆事业才能顺应时代的要求，得到更好的发展。

（二）关注弱者——从物理的无障碍到虚拟的无障碍

获取信息是人权最基本的内容，然而对弱势群体，如文化水平低下、社会地位不高的群体，经济上处于弱势的群体，地理环境处于弱势的群体，少数民族、身体残疾者等弱势群体，图书馆开展对弱势群体的服务是维护他们基本人权的体现。现代图书馆的读者服务工作要真正让读者满意，则必须确保那些由于某种原因不能得到主流服务的少数群体也能够平等地享受到各种服务。

可以说，公共图书馆免费教育的理念与实践，使得弱势群体能在这里以零投入而获得信息和知识；而图书馆"有教无类"的思想和无差别的服务理念，使弱势群体社会平等的政治愿望和接受教育的基本权利得到切实体现和保障。这种信息无障碍的服务理念是数百年来全世界图书馆服务的宗旨。然而，随着人类进入所谓的"信息社会""知识经济社会"，人们获取信息的方式发生了变化，由于社会地位、知识水平和经济实力等方面的差别，在信息资源的分配和获取上，出现"信息富人"和"信息穷人"的区别。对于弱势群体，图书馆成为他们信息资源的最后提供者，所以有人把公共图书馆称为"信息时代'信息穷人'最后的避难所"。因此，如何更好地深化信息无障碍服务，是每个图书馆应思考的问题。如何为残疾读者量身定做，进行个性化服务，也是提高图书馆信息无障碍服务的重要一环。

从图书馆服务而言，要构建信息无障碍的环境应包括两个方面：一是物质环境的无障碍。这主要指的是坡道、盲道、扶手、残疾人专用洗手间、专用电梯及方便按钮、设置音响信号装置等。越来越多的图书馆，尤其是新建的图书馆在馆舍建筑上开始考虑为残疾读者提供服务。二是信息和交流的无障碍。如果从方便读者的角度出发，设身处地为残疾读者着想的话，残疾读者到图书馆来看书和借书有诸多不便。因此，在信息技术的支持下，图书馆的物质环境无障碍服务正向虚拟无障碍方向发展。国内外图书馆近年来大力发展的网络服务和虚拟参考咨询服务也可看作这种发展趋势的体现。所谓信息和交流的无障碍主要是指盲文读物、盲文计算机、影视字幕、天花板书、朗读服务、手语、网络服务、送书上门等。一些图书馆考虑残疾读者行走不便，开展主动送书上门服务。在世界一些发达国家的图书馆，目前已经将传统的阵地服务与先进的网络服务有机结合起来。一些图书馆的空间与文献布局已经完全摆脱了多少年来习用的文献载体和文献类型的划分，重新按照内容主题来划分。

（三）奠定品牌化服务的基础——特色图书馆

提高图书馆的服务质量，就要提倡品牌服务。这里的品牌，包括受用户欢迎的标志性产品，也包括得到读者承认和信任的高水平馆员。一个图书馆要在未来的服务与管理中得到持续的发展，要提高其核心的竞争能力，就要保持并推出其品牌服务。

服务要形成一种品牌，强调的是一种服务社会的形象与口碑品牌化服务，突出的是服务的特性与特色。品牌化服务是服务品牌的延伸与深化。图书馆品牌化服务的基础主要是特色馆藏。在网络化、数字化不断发展的今天，数字资源是网络服务的基础，具体到每一个图书馆就是特色馆藏的数字化和特色数据库的建设。

如何把有限的经费用在刀刃上，如何吸引住读者，如何使有限的资源充分发挥效益，我国公共图书馆界关于图书馆的特色服务以及更进一步升华为特色图书馆的实践探索，便是在这一时代背景下产生的。集中力量在读者需求相对突出、集中的某一方面建立自己的特色，形成自己的优势，做到"人无我有，人有我优"，是图书馆在现实条件下可以办到且行之有效的办法。因此，特色图书馆也是随着读者的需求变化而产生发展的，它使得公共图书馆出现向专业化发展的趋势。

应区分"特色图书馆"与"图书馆的特色"这两个概念。这些年来，理论工作者普遍强调图书馆要办出特色，包括图书馆的藏书特色问题、图书馆的建筑特色问题、图书馆的管理特色问题、图书馆的人才特色问题等。但这种特色只是各图书馆内局部的变革，因此就不能将这种现象称之为"特色图书馆"，称之为"图书馆的特色"，更为妥帖。无论从理论上还是实践中，办出"有特色的图书馆"和"特色图书馆"都是不能等同的概念，不能以偏概全，不能因为一个图书馆在某个方面或某些方面有特色，就将其称作"特色图书馆"。

对于特色图书馆这一概念的提出及界定，目前仍有许多争论，意见并不统一。在这里，取一种大家都认同的说法，即特色图书馆是以系统组织与管理特定学科（主题、领域）的知识信息，为特定用户群提供特色服务的图书馆。

特色藏书与特色服务是特色图书馆工作的核心。藏书之特殊主要表现在它系统、全面地收藏特定学科（主题、领域）的文献信息，做到一新二用三适用。它强调文献信息类型的齐全，注意各种载体的收藏。尤其是为了配合科研、生产实践，它在收集文献资料的同时，还要求对相关实物的收藏。

服务之特殊主要表现在要突破传统服务模式、服务范围，要取得独特的服务效果。这种服务除了通常的借借还还、定题服务、跟踪服务、参考咨询，还要求视其条件与需要，参与其中，与科研、生产融为一体，如医药图书馆可同时设立医疗门诊、医疗咨询点等。通过利用图书资料与实际运用相结合，进行研究实验，这种服务在某种程度上已不是为他人作嫁衣，而是在为自己服务，因此，它应该是更加主动的服务。特色服务需要专门人才，也为专门人才的培养提供了机遇和环境。专门人才的培养导致服务方式的改变，服务水平的提高。图书馆的"特"，服务对象的"广"，藏书的"精"，人才的"专"，成效的"显"，互为因果，互相促进。从外界讲，它们可以丰富读者对公共图书馆的认识，增强读者对图书馆服务的信心，从而扩大对图书馆凝聚力的影响。

（四）图书馆教育职能的体现——远程教育

教育职能是社会赋予图书馆的基本职能。学校教育只能伴随人生的某一阶段，而图书馆提供的教育则可以贯穿人生的每一个驿站。在 21 世纪的今天，面对知识经济的时代，面对急需终身教育的学习型社会，面对与"信息社会"具有同等含义的"网络社会"的出现，面对我国教育资源的短缺，必须大力兴办现代网络远程教育。图书馆应该肩负起历史的使命，抓住这一有利时机，扩展图书馆的教育职能，大力开展现代远程教育，带动图书馆网络化、数字化建设，以求在信息社会中占据举足轻重的位置。

治学离不开图书馆，现代网络远程教育的实质是教育者与被教育者之间的知识传递和信息交换，其成功取决于教材、学习辅导材料、传递和交流手段以及技术应用等。对此，图书馆与远程教育不谋而合，它在资源、技术、设备、场所上有着得天独厚的优势，其前景是较好的。

1. 现代图书馆在远程教育中的作用

长期以来，图书馆对大量的文献资料进行收集、整理和存储，将知识和信息组织化和有序化，形成了丰富而有特色的文献信息资源，这是其他的社会机构所不能比拟的。另一方面，虽然在网上能获得的用于远程教育的文献和信息越来越多，但由于网上信息来源复杂多样，有价值和无价值的资源混杂在一起，真实性和可靠性无法保证，而且网上信息组织化程度不高，基本上处于一种无序化状态，对于那些没有学习过信息检索的人来说，想要准确快捷地检索到所需的信息，反而是越来越难了。而传统图书馆的职能之一就是对知识及信息进行组织和整序，因此图书馆不但能合理地筛选和组织网上的信息，而且能对信息用户进行检索能力的培训。基于以上两个原因，图书馆必然成为信息交流和传递的中心所在，成为远程教育中的重要支撑体系，对推动我国教育及信息化进程起到相当积极和重要的作用。图书馆在远程教育中应起到如下几方面作用。

现代图书馆在远程教育中的作用首先是信息的组织和整序。能够成为远程教育信息资源的有三种：一是本馆的馆藏信息；二是利用资源共享，共享到其他大学图书馆的数据库；三是因特网上的所有信息。图书馆应当用科学的方法和技术组织这些信息资源，尽快地从大量信息资源中收集和筛选出对用户最有价值的信息，把无效的知识排除掉，使其成为真正的资源，并使之有序化，充分为用户所用。

另外，现代图书馆在远程教育中还可以提供信息服务、文献及信息的发送、创建本馆的主页进行服务、聘请学科权威开展在线讲座和在线咨询、开展有特色的网络导航服务。

2. 对信息用户进行信息素质的培养

对于部分信息用户来讲，网络还是一个相当新的环境，要达到自如地运用检索工具，查找特定内容，还存在着一定的困难。因此，必须对信息用户进行信息素质教育，使其掌握网络信息的知识，基本的检索、选择、评估方法和技巧，以及常用的信息资源，使其既要知道信息资源的所在，又要知道如何去获取。

3. 图书馆远程教育面临的问题

第一，远程教育的技术性引发的图书馆自动化问题。图书馆的远程教育要求图书馆必须实现自动化。图书馆的自动化可划分为数据库建设和网络建设。数据库建设首先应当注意要先用一套功能先进又经济的数据库建设软件，其次应当注意图书馆馆员在建库时不应只求速度不重质量，一定要把数据库建得规范化和标准化。最后，网络建设离不开高性能的硬件设备和传输速率高而收费低的通信线路。而在我国目前情况正好相反，是上网交费高而传输速率低。因此，图书馆应当争取更多的资金支持，加大对图书馆网络系统建设的力度。

第二，图书馆远程教育的开放性引发的知识产权问题。远程教育和文献资料的数字化已经成了未来发展的必然趋势，可是以数字化为核心的信息技术都对知识产权制度提出了严峻的挑战。图书馆远程教育过程中涉及知识产权的大致有两个方面：一方面是图书馆对文献资料进行数字化，事实上是一种对作品的复制行为，既然数字化属于复制行为，那么归属图书馆在复制时就应得到著作权人的允许。因此，图书馆在制作数据库时应处理好与其版权所有者的关系。另一方面，图书馆建立起数据库之后，也应注意其他人或机构非法利用图书馆的数据进行商业活动。而由于世界各国在数据库问题上利益不同，意见也不一致。因此，高新技术尤其是数字化技术已经使知识产权陷入了前所未有的复杂关系中。值得期待的是，在国家自然科学基金项目"高新技术知识产权保护及其传统知识产权制度的影响"的研究中建立知识产权与社会公共利益，包括知识产权与图书馆、公共信息机构、教育与社会公众之间的利益平衡问题，已被当作了重点研究的目标。服务是图书馆存在的理由。而服务质量的提高则需要不断地创新。要用"一切为了读者"的服务理念，用网络化、数字化、个性化、国际化的发展理念来重新审视图书馆现在的服务理念、服务内容、服务布局、服务流程、服务方式、服务设施、服务戒律、服务行为、服务形象。平时，馆员在工作过程中多问一下为什么这样做，多思考一下目前这样做是否以读者为本，是否方便读者，是否能够满足读者的需求，是否能够引领读者走向未来。这种思维角度的转换和创新，必然会带来许多有益的启示和发展的动力。

参考文献

[1] 吴才唤．真人图书馆理论与实践 [M].上海：上海人民出版社，2022.01.

[2] 李东来．图书馆专业发展之路 [M].北京：海洋出版社，2022.04.

[3] 陈群．互联网＋图书馆智慧服务研究 [M].长春：吉林出版集团股份有限公司，2022.06.

[4] 邓润阳．图书馆阅读服务与现代信息管理 [M].长春：吉林出版集团股份有限公司，2022.06.

[5] 腾和泰．图书馆阅读推广与信息服务研究 [M].汕头:汕头大学出版社，2022.05.

[6] 朱洪霞，姚丽娟．现代图书馆读者服务工作创新与研究 [M].北京：北京燕山出版社，2022.02.

[7] 孙建丽．现代图书馆管理与信息技术应用研究 [M].沈阳：万卷出版公司，2022.03.

[8] 朱丹阳．图书馆现代化管理与服务创新研究 [M].长春：吉林大学出版社，2022.05.

[9] 谷慧宇．图书馆管理的创新方法研究 [M].延吉：延边大学出版社，2021.06.

[10] 高莉．图书馆管理与档案资源建设 [M].长春：吉林人民出版社，2021.06.

[11] 王秀琴，郑芙玉，浮肖肖．高校图书馆管理创新研究 [M].长春：吉林人民出版社，2021.06.

[12] 李蕾，徐莉．图书馆管理策略与阅读服务创新研究 [M].长春：吉林人民出版社，2021.05.

[13] 谷春燕，李萧，阿曼古丽·艾则孜．图书馆读者服务与管理 [M]．银川：宁夏人民出版社，2021.07.

[14] 高伟．图书馆建设与阅读服务管理 [M]．长春：吉林人民出版社，2021.06.

[15] 赵吉文，李斌，朱瑞萍．数字图书馆建设与档案管理 [M]．汕头：汕头大学出版社，2021.04.

[16] 宋菲，张新杰，郭松竹．图书馆资源建设管理与阅读服务研究 [M]．长春：吉林人民出版社，2021.10.

[17] 唐敏．基于网络化发展下图书馆信息管理可视化研究 [M]．哈尔滨：黑龙江教育出版社，2021.07.

[18] 马蓉，胡琬坤，杨丽杰．图书馆管理与阅读服务 [M]．长春：吉林人民出版社，2021.10.

[19] 张骏毅，张奎莲，廖紫莹．科学化图书馆管理与阅读推广 [M]．长春：吉林人民出版社，2021.12.

[20] 王幸远．图书馆管理研究与读者服务 [M]．呼和浩特：远方出版社，2021.

[21] 刘芳芳，赵晓丹．图书馆管理与开发利用研究 [M]．天津：天津科学技术出版社，2020.07.

[22] 章先贵．图书馆管理与信息服务研究 [M]．北京：中国原子能出版社，2020.08.

[23] 凌霄娥．图书馆管理艺术与信息化应用研究 [M]．西安：西北工业大学出版社，2020.07.

[24] 刘春节．现代图书馆管理创新研究 [M]．北京：中国财富出版社，2020.07.

[25] 蓝开强．现代图书馆管理创新实践 [M]．长春：吉林出版集团股份有限公司，2020.05.

[26] 张钧．图书馆人力资源管理 [M]．北京：中国商业出版社，2020.12.

[27] 乔红丽．图书馆信息管理与多元化发展研究 [M]．长春：吉林大学出版社，2020.05.

[28] 骆卫东．图书馆工程建设与管理 [M]．上海：上海交通大学出版社，

2020.06.

[29] 张鹏，宁柠，姜淑霞 . 图书馆信息化建设理论与档案管理实践 [M].长春：吉林人民出版社，2020.10.

[30] 刘聚斌，宋红梅 . 图书馆管理与信息存储 [M]. 沈阳：辽海出版社，2020.01.

[31] 顾志芹 . 图书馆管理与信息应用 [M]. 沈阳：辽海出版社，2020.01.

[32] 穆桂苹，王鸿博，崔佳音 . 图书馆管理与阅读服务研究 [M]. 沈阳：辽海出版社，2020.01.

[33] 赵杰，杨海亚，葛洁敏 . 图书馆管理新论 [M]. 上海：上海交通大学出版社，2020.

[34] 黄宇 . 现代图书馆管理与空间服务 [M]. 沈阳：辽宁大学出版社，2020.08.

[35] 孙爱秀 . 图书馆管理与信息应用 [M]. 沈阳：沈阳出版社，2019.01.

[36] 王会梅 . 图书馆管理与服务研究 [M]. 北京：现代出版社，2019.10.

[37] 杨杰清 . 现代图书馆管理实务 [M]. 北京：现代出版社，2019.01.